經濟思維的
100堂課

世界第一好懂的經濟理論！

一百個故事輕鬆理解，
從生活到商場的賽局分析

肖勝平 編著

【經濟學原理】透過賽局理論解讀人類行為的奧祕

【職場經濟學】揭露工作中的經濟行為和生存法則

從國民經濟到國際貿易，經濟學名著快速讀，秒懂經濟智慧！

婚戀市場也能分析？從合作到競爭，經濟學原理影響超深遠！

生活處處是經濟學，從需求到炫耀性消費，洞察消費者心理！

目錄

CONTENTS

CONTENTS

前言

　　早在公元四世紀初的東晉，就已經出現了「經濟」一詞，是「經世濟民」的簡稱，意思是：經營管理好天下，讓每一個人都得到惠澤。「文章西漢雙司馬，經濟南陽一臥龍」，舊時的「經濟」，充滿了封建士大夫的博大情懷與社會內涵。

　　而現代語境中的「經濟」，是二十世紀初新文化運動時，從日本「拿來」的。清朝末期，日本開始明治維新，接納、吸收、弘揚西方文化，大量翻譯西方書籍，將「economics」一詞譯為「經濟」；而在新文化運動時，日本學習的西方文化傳入中國，故「經濟」一詞亦被中國引用。就這樣，「經濟」二字褪去溫暖的人文外衣，以一副刻板算計的面目出現在人們面前。

　　簡而言之，現代的「經濟」，較古代更狹義，也更加「科學」。各種拗口的術語，無數精巧的模型……讓普通人對經濟學形成了兩種極端的看法：一種認為，經濟學是一門高深晦澀的學科，專供廟堂官員或經濟學家學習，普通人難以習得，也沒有必要學；另一種則認為，經濟學虛無縹緲，是一門類似於「玄學」的學科。這種觀點的形成，大約與近年來眾多經濟學家在房價與股市預測中屢屢失準有關。

　　事實上，經濟學並不高深晦澀，也並非虛無縹緲。經濟學和我們生活息息相關，政治是人類社會的上層建築，而經濟是人類社會的物質基礎，兩者都是構建、維繫人類社會運

行的必要條件，嚴復就曾將「economics」一詞譯為生計，可見掌握經濟知識，對普通民眾也很有必要。

為什麼價高的商品有時更加暢銷？為什麼有錢人更容易賺錢，機會更垂青成功人士？面臨眾多選擇時，你該如何科學的決策？這些問題在經濟學中，都能找到現成的理論應用。

經濟學最大的魅力，在於其經世濟用，對於現實經濟有著強烈的參與感。因此，脫離現實狀況，誇誇其談的經濟學，儘管顯得高深，但是除了更大的自娛價值，實際的影響力卻是有限。《世界第一好懂的經濟學》透過一個個小故事，將讀者引領到經濟學的殿堂。故事雖微，卻隱含大義，對於總體經濟學、個體經濟學、壟斷經濟學、賽局理論、國際經濟學、制度經濟學……均有深入淺出的闡述。

大到一國的國民經濟，小到一家的柴米油鹽，都受經濟的影響。而當我們用經濟學的眼光，去審視生活中一些習以為然的現象時，就會驚奇地發現──原來一切皆有規律可循，而若掌握了這些規律，生活就不會迷惘混沌。期望讀者在閱讀本書之後，對投資、消費能有更科學的思考路徑、更理性的決策方式，以及更冷靜的行為模式。

肖勝平

第一章
經濟學與賽局理論

　　賽局理論又被稱為博弈理論，是一種研究「互動決策」的理論。在經濟互動中，其中每一人的決策都相互影響——也就是說，在決策時，也必須將他人的決策納入自己的決策考慮中，當然也需要把別人對於自己的考慮，納入考慮中……如此重複斟酌後，最後選擇最有利的策略。

相互背叛的囚徒：囚徒困境

　　一九五○年，數學家塔克任史丹佛大學客座教授時，為一些心理學家演講，說了兩個囚犯的故事——

　　有兩個小偷甲、乙聯合犯案，私入民宅被警察抓住，警方將兩人置於不同的房間內審訊，對每一個犯罪嫌疑人，警方給出的選擇是：

　　A：如果一個犯罪嫌疑人坦白罪行，交出了贓物，因證據確鑿，兩人都被判有罪。如果另一個犯罪嫌疑人也坦白，則兩人各被判刑八年。

　　B：如果另一個犯罪嫌疑人沒有坦白而是抵賴，則以妨礙公務罪（因已有證據表明其有罪）再加刑兩年，而坦白者有功被減刑八年，會被立即釋放。

　　C：如果兩人都抵賴，警方會因證據不足無法判兩人的偷竊罪，但可以私闖民宅的罪名各判入獄一年。

　　三種可能，三個選擇，足以讓身在其中的囚徒絞盡腦汁，寢食難安。

　　如同經濟學的其他例證，我們需要假設兩人都是理性的

經濟人，他們都尋求自身最大的利益，而不關心另一個參與者的利益。

　　現在，這兩個囚犯該怎麼辦呢？是選擇相互合作還是相互背叛？從表面上看，他們應該相互合作，保持沉默，因為這樣他們將得到對雙方來說最好的結果——只判刑一年；但由於資訊被封閉，兩人無法交流，他們不得不考慮對方可能採取的選擇。由於甲、乙兩個人都尋求自身最大利益，所以他們都會優先考慮如何才能減少自己的刑期，至於同伙被判多少年，早已經顧不上。

　　甲會這樣推理：假如乙不招，我只要一招供，馬上就可以獲得自由，而不招卻要坐牢一年，顯然招比不招好；假如乙招了，我若不招，則要坐牢十年，他卻獲得了自由，而我招了也只坐八年，顯然還是招了好。可見無論乙招與不招，甲的最佳選擇都是招供。所以甲最終決定：還是招了吧。

　　甲知道該怎樣做了，而相同邏輯對另一個人同樣適用，因此乙也會毫不猶豫地選擇背叛——也就是招供。

　　這樣一來，甲、乙兩人都選擇招供，這對他們個人來說都是最佳的決定，即最符合他們個體理性的選擇。而他們各自最理性的選擇，給他們帶來的並非最佳結果（自由），也非較佳結果（一年刑期），而是比最壞結果（十年）要略好的結果（八年刑期）。

　　順便提一下，這兩人都選擇坦白的策略，因此被判八年的結局，被稱作是「納許均衡」（也叫非合作均衡）。所謂納許均衡，指的是參與人的一種策略組合，在該策略組合上，

任何參與人單獨改變策略都不會得到好處；換句話説，如果在一個策略組合上，所有人都不會改變策略時，該策略組合就是一個納許均衡。納許均衡是賽局理論中一個重要的概念，以普林斯頓大學數學博士生約翰‧納許命名。

並非要觸犯刑法，才會深陷極為被動的囚徒困境中；事實上，在我們工作與生活中，類似的囚徒困境並不少，人為製造囚徒困境（而自己充當警察）來保證自己利益也屢見不鮮。哈佛大學巴蘇教授著名的「旅行者困境」，可以提供一個視角——

兩個旅行者從一個以出產細瓷花瓶著稱的地方旅行返鄉，且他們都買了花瓶。但在提取行李時，他們卻發現花瓶被摔壞了，於是向航空公司索賠。航空公司知道花瓶的價格大概在八、九十元的價位浮動，但不知道兩位旅客購買的確切價格。於是，航空公司請兩位旅客在一百元內寫下花瓶的價格，如果兩人寫的一樣，航空公司就認為是實話，就按照他們寫的數額賠償；如果兩人寫的不一樣，航空公司就認定寫得低的旅客講的是真話，並原則上以這個低的價格賠償。同時，航空公司會對誠實的旅客獎勵兩元，對説謊的旅客罰款兩元。

就為了獲取最大賠償而言，本來甲乙雙方最好的策略，就是都寫一百元，這樣兩人都能夠獲賠一百元；可是，甲聰明的想：如果我少寫一元變成九十九元，乙會寫一百元，這樣我將得到一百〇一元，何樂而不為？所以他準備寫九十九元。

可是乙更加聰明，他算計到甲要寫九十九元，於是他準備寫九十八元；但想不到甲又更聰明，估計到乙要寫九十八元坑他，於是準備寫九十七元——就像下棋，都說要多「看」幾步，「看」得越遠，勝算越大。

你多看兩步，我比你更強，多看三步；你多看四步，我仍比你老謀深算，多看五步。在花瓶索賠的例子中，如果兩個人都「徹底理性」，都能看透十幾步，甚至幾十步、上百步，那麼「精明比賽」的結果，最後會落到每個人都只寫一兩元的地步。事實上，在徹底理性的假設之下，這個賽局的結果是：兩人都寫〇元。

是的，在賽局中，最好就是讓自己當制定規則的人；如果不幸淪為「囚徒」，就努力互通資訊，建立信任——唯有如此，才能讓自己利益最大化。比如三、四個扒手公然在巴士上行竊，一車人卻都不敢做聲。本來如果一車人群起攻之，就可以輕鬆制服幾個毛賊，但卻因為彼此不熟悉，擔心自己一出頭就挨打——最後雖然沒有挨打，但還是損失了財物。類比囚徒困境中的囚徒，等於大家都被判了「八年」，比挨打的「十年」略好，卻錯失了被「釋放」的機會。

最後，編者想要說的是：一個畫地為牢、只考慮自身利益的人，遲早會落入囚徒困境，左右為難。唯有加強合作與溝通，建立充分的信任，才能創造出雙贏乃至多贏的局面。

制約對手的硬招：重複賽局

　　一個孩子，每天在固定的街角乞討。有個路人偶然出於好玩，拿出一張十元紙鈔和一元硬幣，讓這個小孩選擇，出人意料的是：小孩只要一元硬幣，不拿那十元紙鈔。

　　這個有趣的現象傳開了，並引起許多的人的興趣。各式各樣的人，懷著或同情、或取樂、或驗證、或獵奇的心態，紛紛掏出一元硬幣與十元紙鈔讓小孩選擇，而這個看上去並不愚笨的小孩從來沒有讓大家失望：不拿十元，只要一元。據說還有人拿出過一元和一百元供小孩選擇，但小孩仍對一元硬幣情有獨鍾。

　　一次，一個好心的老奶奶忍不住抱住這個可憐的小孩，輕聲低問：「你難道不知道十元比一元有價值得多嗎？」小孩輕聲回答：「奶奶，我可不能因為一張十元紙鈔，而丟失掉無數枚一元硬幣。」

　　表面上看，是小孩主動選擇了一元；但細究起來，其實是小孩「被選擇」。因為這個小孩是長期乞討，不非一次性的買賣。在經濟學裡，這叫「重複賽局」，顧名思義，是指同樣

結構的賽局重複許多次。若賽局只進行一次時，每個參與人只會關心一次性的支付；但如果賽局會重複多次，參與人可能會為了更長遠的利益而犧牲眼前的利益，從而選擇不同的均衡策略。因此，小孩為了能細水長流，只選擇小的利益。對這個結果，經濟學的表達是：重複賽局的次數，會影響到賽局均衡的結果。

舉一個生活中常見的例子：在大部分的火車站附近，餐廳的菜色都又難吃又貴。且這不是一個車站的問題，而幾乎所有車站都是如此，原因何在？

因為，這是一次性買賣。對商販來說，火車站來來往往的都是過客，這些陌生人不會因為美味的飯菜，專程回來做「回頭客」；同樣，如果過客覺得飯菜噁心，也不會花費時間精力來追究。因此對火車站的商販們來說，賣次品要合算得多，可以獲得最大的利潤；然而社區路口的店家就不同了，他們希望的是你經常光顧，因此在食物品質與價位上，多少會為食客著想。

重複賽局說明，人們的行為將直接受到預期的影響，這種預期可分為兩種：第一種是預期收益，即如果我現在這樣做，將來能得到什麼好處；第二種是預期風險，即如果我現在這樣做，將來可能會遇到什麼風險。正是某種預期的存在，影響個人或者組織的策略選擇。

而若還有下一次賽局，就不能只想到自己，還得站在對方的立場思考，才會有「吃虧就是占便宜」的古訓。當然，這個吃虧，常常是吃小虧；甚至大多數時候，並沒有真正虧

損：如本來可以賺十元的，只賺一元，也叫「吃虧」。為什麼提倡吃虧？就是因為這次吃了小虧，在下次、下下次賽局中才能賺回來，就會聚少成多。

值得注意的是，事情總是會不斷變化，一次性賽局可以演變成重複賽局，重複賽局也可以演變成一次性賽局。

有一顧客去理髮店理髮，理髮師看著陌生，以為是過路客，就敷衍了事，快速給這個人理了一個很難看的髮型——他以為是一次性賽局。但這個顧客也沒有生氣，甚至付了定價兩倍的錢。

過了半個月，這個顧客又來理髮。理髮師覺得這個顧客一則大方，二則服務好了會成為常客，因此絲毫不敢怠慢，精心給這人理了髮。理完之後，顧客照照鏡子很滿意，理髮師也在盤算：這次他會付多少錢呢？雙倍還是四倍？

結果，顧客只付了半價。理髮師非常驚訝，忍不住問：為什麼上次我敷衍了事你付了雙倍，這次如此精心你反而只給半價？

顧客回答：我上次支付的是這次的理髮費，這次支付的是上次的理髮費。

顯然，在第一次理髮的賽局中，理髮師用的是一次性賽局策略，所以他在賽局中占了上風；而在第二次理髮時，顧客給了理髮師重複賽局的期望，等理髮師運用重複賽局策略時，顧客用的卻是一次性賽局，因而在第二次賽局中，顧客完勝。而理髮師要是知道這次顧客用的是一次性賽局，也就

不會「輸」了。

可見，在任何賽局中，如果能預先獲知對方的策略，就能適時調整策略，保證自身利益最大化。如果已認定雙方是「一次性賽局」，那麼不妨給對方一個重複賽局的預期，再選擇適度背叛，就能博取到自身最大的利益；而如果和對方還會碰面很多次，或有長期合作的可能，最好採用重複賽局的方式，為對方思考一番。

最後還要提醒讀者：作為理性的經濟人，即便面對重複賽局也不要放鬆警惕，因為對方沒有背叛，常常只是誘惑不夠。以開頭的小孩為例，十元不要，那麼一百元，一千元，一萬元呢？只要開出足夠的價碼，就能摧毀他的心理防線。因此，古人既有「吃虧就是占便宜」的名訓，也有「防人之心不可無」的告誡。

槍法最差勁者贏：槍手賽局

社會如此複雜，不論在商場還是職場，人們在爭取和保全利益的過程中，難免會發生矛盾衝突。當個人利益受到多方的威脅，人們的主觀願望肯定是保全所有的利益；然而，當客觀情況不允許做到這一點，且置身於一場與強敵的混戰時，又該當如何？

——槍手賽局就是弱者生存的智慧。槍手賽局又稱多方賽局，其經典賽局故事如下：

甲、乙、丙三個槍手都對彼此懷恨在心，於是決定持槍決鬥，以生死了結恩怨。其中甲的槍法最好，命中率是百分之八十；乙的槍法稍次於甲，命中率是百分之七十；丙的槍法則是三人中最差的，命中率只有百分之六十。

他們每人的槍裡只有一顆子彈，可任意射擊另外兩人中的一個，每個人只有一次殺死對手的機會，他們的目標是努力使自己活下來。誰活下來的可能性最大？如果你認為槍法最準的甲會勝出，就錯了。

在決鬥中，甲無疑會瞄準對自己威脅最大的乙，乙也會

瞄準對自己威脅最大的甲，而丙為了提高存活率，也會瞄準甲。如此，三個人的存活率如下：

甲 =100%-70%-（100%-70%）×60%=12%（乙、丙兩支槍瞄準甲）

乙 =100%- 百分之八十 = 百分之二十（甲瞄準乙）

丙 =100%（沒有人瞄準丙）

結果，槍法最差的丙竟然活了下來。

若換一種玩法：三個人輪流開槍，誰會生存下來？

如果甲先開槍，甲還是會先打乙，而如果乙被打死了，則下一個開槍的就是丙，那麼此時甲的生存機率為百分之四十，丙依然是百分之百的存活率（因為甲沒有子彈射他了，遊戲結束）；如果甲打不死乙，下一輪乙開槍時一定會全力回擊，甲的生存率為百分之三十，不管乙是否打死甲，第三輪中甲乙的命運都掌握在丙手裡了。

又如果，遊戲規定必須丙先開槍，又會如何？

答案很簡單：朝著天空胡亂開一槍，而不要針對甲、乙任何一人。當丙開完槍，甲、乙還是會陷入互相攻擊的困境。

從以上分析看，在這場決鬥中，甲與乙被射殺的機率都很大，槍法最差的丙卻可以百分之百活下來。

槍手賽局告訴我們一個道理——最優秀的槍手，也最容易遭受四面八方的攻擊。而弱者立於強者之中，反而有罅隙

能從容存活，因為所有人槍口都指向最危險的一方。而賽局參與方越多，最優良的槍手倒下的機率就越高。

槍手賽局，就是弱者在與強者的賽局中存活的智慧，比如：三個人競選某一崗位，一號和二號強者各顯神通，明爭暗鬥；而三號不妨置身度外，讓兩人相爭，若一號和二號兩敗俱傷，三號就能坐收漁翁之利。以「不爭」為「爭」，是一種大智若愚的智慧，如果不懂得這個智慧，一味橫衝直撞，最終只會傷害自己。所以，遇到事情的時候，一定要先看清楚自己的立場、與對手之間的差距，才能找到自己的生存之道。

如果不得不站上擂台，朝天空放一槍也是明智的態度，誰也不傷害，一派與世無爭；而當與世無爭的時候，說不定利益正向你走來。

要成為槍手賽局中的丙，除了在強者面前要學會示弱，在弱者面前亦是如此。在弱者面前示弱，可以令弱者心理平衡，減少對方的嫉妒心理，拉近彼此的距離，那麼在弱者面前如何示弱？

例如：地位高的人在地位低的人的面前，不妨展示自己的奮鬥過程，表明自己的平凡；成功者在別人面前多說自己失敗的記錄、現實的煩惱，給人「成功不易」、「成功者並非萬事大吉」的感覺；對眼下經濟狀況不如自己的人，可以適當訴說自己的苦衷，讓對方感到「家家有本難唸的經」；在某些專業上有一技之長的人，最好宣布自己對其他領域一竅不通，袒露自己日常生活中鬧過的笑話等；至於那些完全因客

觀條件或偶然機遇，僥倖獲得名利的人，完全可以直言不諱地承認自己是「瞎貓碰上死耗子」。

如果你能做到這些，恭喜你：你已經是一個很高明的槍手了。

多數人永遠是錯的：酒吧賽局

　　不知你是否留心過：每一年國中會考，差不多的高中錄取分數其實有著一定的規律。比方說：前年是 A 中錄取分數最高，去年則會變成 B 中或 C 中（假設三所中學的排名不相上下）；而今年的最高分，又往往不會是去年的。

　　同樣的例子，在農業經濟作物的種植，與牲畜的養殖上也很明顯：去年玉米價格很高，故播種了非常多的玉米；結果今年的價格一落千丈，穀賤傷農。明年玉米產量又銳減，價格又漲了許多。這樣的波浪起伏，常常是以兩三年為週期。

　　對於以上現象，能以經濟學中一個名詞解釋，即「酒吧賽局」，或「酒吧問題」：

　　假設一個小鎮上，有一百位喜歡酒吧的人，每個週末都想去酒吧；然而，這個小鎮上只有一間能容納六十人的酒吧，超過六十人，酒吧就會顯得擁擠，服務人手不足，樂趣就會降低。

　　第一個週末，一百人中，絕大多數去了這間酒吧，導致酒吧爆滿，沒有享受到應有的樂趣。多數人抱怨還不如不

去，少數沒去的人反而慶幸沒去。

第二個週末，不少人根據上一次的經驗，認為酒吧人會很多，於是決定還是不去了；結果，因為多數人都這麼想，所以人很少，享受到了酒吧高品質的服務。而沒去的人知道後，又後悔失策。

第三個週末，人又多了……

這個賽局有一個前提：每一個參與者只有得知先前去酒吧的人數，因此只能根據歷史數據，歸納出行動的策略，沒有其他的資訊可以參考，他們之間也沒有訊息交流。

一九九○年代，美國著名的經濟學專家亞瑟教授，針對真實人群做了酒吧賽局的實驗。

在這個賽局中，每個參與者都面臨一個尷尬的情況：多數人的預測總是錯的。例如，多數人都預測這個週末去的人少，去的人反而會多；反過來，如果多數人預測去的多，那麼去的人就會很少。也就是說：一個人若要做出正確的預測，必須先知道其他人如何預測。但在這個問題中，每個人預測所根據的來源是一樣的，即過去的歷史，而並不知道別人當下是如何預測。

要知道別人的預測，的確是個難題；不過，若從實驗數據來看，實驗對象的預測呈規律的波形。雖然不同的參與人採取不同的策略，但卻有一個共同點：這些預測都利用了歸納法。我們完全可以把實驗的結果，看作是現實中大多數「理性」人的選擇。在這個實驗中，更多參與人是根據上一次

他人的選擇，做出自己「這一次」的預測，儘管這個預測已經被證明多數情況下是不正確的。

透過酒吧賽局，我們要學會獨闢蹊徑的策略。不走尋常路，做出與多數人相反的選擇，這樣更容易在賽局中取勝。擁有酒吧賽局智慧的人，不會盲目跟風，當大家都瘋狂湧向某個熱門產業時，也不會趨之若鶩。

二〇〇七年，新能源的概念炙手可熱，國際市場的多晶矽價格從每公斤六十六美元，上升到每公斤四百美元，太陽能產品的價格也水漲船高。在高投資報酬率的誘惑下，大量資金湧入太陽能產業。二〇〇八年，中國太陽能企業數量還不到一百家；二〇一二年卻已經發展到三百多家，頂峰時甚至一度達到五百家。大量資金進入太陽能產業的結局是：中國太陽能的產能，迅速達到全球的百分之七十以上。

而很快，這些進軍太陽能產業的企業就嘗到了苦果：中國太陽能產業的龍頭之一——無錫尚德電力，二〇一二年虧損額度竟達到驚人的五億美元，折合人民幣三十億以上；二〇一三年三月，尚德電力進入破產整頓。一場太陽能產業的寒冬，將一大批明星企業拖入冰窖之中。

除了創業，生活中有很多事情裡都有酒吧賽局的影子，哪怕只是開車出行，選擇路線也用得上酒吧賽局：多數人喜歡走哪條路？昨天嚴重塞車的路今天會不會繼續塞？

酒吧賽局無法保證你的選擇一定正確，但提供了一個全新的思路，提高選擇的勝算。

首都變「首堵」：公地悲劇

十月八日，是中國國慶長假後的第一個工作日。這一天上午十點，機場高速公路上，塞車長達數小時的一男子終於無法忍受，暴跳如雷地打開車門，拿出一根長長的棒球棍，所有人吃驚地看著他。只見他大罵著，把地上一隻蝸牛敲得粉碎，一邊敲一邊罵：「我忍你很久了！從高速公路口你就一直跟著我，三小時後你居然還超了我的車！」

以上是一則黑色的幽默，是公地悲劇的一個現實註腳。公地悲劇是經濟學中一個著名的悲劇，也是賽局理論的教科書中必定要討論的經典問題。

一九六八年，美國著名的生態學家加勒特·哈丁，在《科學》雜誌上發表了題為〈The Tragedy of the Commons〉的論文。北京大學的張維迎教授譯成〈公地悲劇〉，但哈丁的「the commons」不僅僅指公共的土地，也指公共的水域、空間等；武漢大學的朱志方教授譯成〈大鍋飯悲劇〉，也有一定的道理，但也不完全切合哈丁的意思；也有學者認為譯成〈公共資源悲劇〉更為確切。

在論文中，哈丁揭示了一種人類公共利益的集體困境：「在共享公有物的社會中，每個人，也就是所有人都追求各自的最大利益。這就是悲劇的所在。每個人都被鎖定在一個，迫使自己在有限範圍內無節制增加牲畜的制度中，毀滅是所有人最終的結果。因為在信奉公有物自由的社會當中，每個人均追求自己最大的利益。」

「公有物自由為所有人帶來毀滅」，這就是所謂的「公地悲劇」。為了更形象地說明問題，哈丁虛構了如下故事：

有一片茂盛的公共草地，政府把這塊草地向一群牧民開放，這些牧民可以在牧場上自由地放牧他們的牛；隨著公共草地上牛隻的增多，最後達到飽和。此時若再增加一頭牛，就可能使整片草地收益下降，因為這會妨害到每頭牛得到的平均草量。但每個牧民都想再養一頭牛，因為多養一頭牛增加的收益是歸自己所有，而每頭牛草量不足的損失卻分攤到了所有放牧的牧民身上。對每個牧民而言，增加一頭牛對自己的收益更為划算。

可想而知：情形失控後，每個牧民不斷增加放牧的牛，最終由於牛群的過度增加，使得公共草地被過度放牧而退化，從而無法滿足牛的食量，導致所有的牛餓死，成為一個悲劇。

哈丁所虛擬的悲劇，實實在在發生在現在的中國：最近十幾、二十年裡，中國的草原荒漠化嚴重，其中一個重要的原因就是過度放牧。反正草原是公家的，我不多養牲畜別人也會多養，我何不多養一些？原本只能承載一百隻羊的草

場,就這樣養了兩百隻。結果因為草料不夠,羊連草根都吃了,將草地踩踏成荒漠,最終連十隻羊也難以養活。

據二〇〇六年,中國農業部遙感應用中心的測算:中國牧區草原平均超載百分之三十六點一,荒漠化地區,草場牲畜超載率為百分之五十至百分之一百二十,有些地區甚至高達百分之三百!聯合國沙漠化會議規定:在乾旱草原,每頭家畜應占有五畝草地作為臨界放牧面積。目前,內蒙古草原每頭家畜所占草場面積,不足聯合國沙漠化會議規定臨界放牧面積的三分之一。

類似的悲劇不勝枚舉:「寧夏四寶」之一的髮菜,甘肅的甘草,青海的蟲草……無不一哄而上,不僅嚴重破壞水土植被,還使這些名貴物種愈來愈少。但人們依舊拚命去挖,因為即使自己不挖,別人也會挖。

「公地悲劇」展現的是一幅提供免費午餐時的狼狽景象——無休止的掠奪,「悲劇」的意義就在於此。然而,對公地悲劇也有許多解決辦法,哈丁認為:「我們可以將之賣掉,使之成為私有財產;也可以作為公共財產保留,但准許進入,而這種准許能以多種方式進行。」哈丁說:「這些意見均合理,也均有可反駁的地方,但是我們必須選擇,否則我們就等於認同了公地的毀滅,最終只能在國家公園裡回憶它們。」

最近幾年裡,中國首都北京變成「首堵」,霧霾天氣日益加劇,其根源就在「公地悲劇」。就汽車的暴增來說,一味訴求於市民的道德顯然無濟於事(同時也放縱了那些道德不夠

高尚的人）；而就汙染來説，企業為了追求利潤最大化，寧願以犧牲環境為代價，也絕不會主動投資環保設備。即使有企業從利他的目的出發，投資治理汙染，但因為其他企業仍不顧環境汙染，這個企業的生產成本就會增加，價格就會提高，產品的競爭力降低，企業甚至還會破產。

因此，控制汽車牌照，關閉停辦、重罰汙染企業，便成了政府「不得不做」的選擇。

綜上所述，要想避免公地悲劇出現，一是盡量將產權私有化，二是靠政策的管制。

損人利己：零和賽局

　　零和賽局又稱零和遊戲，指參與賽局一方的收益，等於另一方的損失，即賽局各方的收益和損失相加，總和永遠為「零」，雙方不存在合作的可能。打個最簡單的比方：四個人打麻將，任何時候輸贏相加的和都是零——這就是所謂的「零和」。用幽默的語言來定義零和遊戲的話，就是：將自己的快樂建立在別人的痛苦之上。零和賽局的例子有賭博、期貨等，如果忽略股票少的可憐的分紅以及不多的交易稅，那麼股市也是一場零和賽局。

　　如果說打牌賭博還有「小賭怡情」的精神收益，那麼職場與商場中的零和賽局就應該盡量避免。因為零和賽局的結果具有非均衡性和非穩定性，往往導致「以牙還牙」、循環往復，所以從長遠利益看，對雙方也都是不利的。

　　那麼，該如何做到非零和賽局？

　　非零和賽局，分為負和賽局與正和賽局。負和賽局屬於兩敗俱傷，好比你我吵架，我把你打成重傷，你進了醫院，我也進了法院，雙方都有所損失。從功利主義的角度上說，

負和賽局對雙方只是有害無益，更應極力避免。

就賽局參與方的整體利益來說，正和賽局的結果最為理想，且可持續。正和賽局也就是經常說的「雙贏」或「多贏」，例如：你想提高打工的薪水，但如果薪水提高，老闆的支出也必然增加——這看上去是一個零和賽局，顯然老闆不會太樂意；而假設你因為老闆不樂意調薪而與他爭執，就會變成負和賽局。但是，如果轉換一下思路，努力工作幫老闆創造更多效益，再要求老闆調薪，相信老闆會更容易接受，說不定主動替你調薪。

一個年輕人在一家貿易公司工作了一年，不僅薪水最低，而且苦活累活由他承擔，更慘的是：老闆還不好伺候。老是對他的工作挑三揀四，用年輕人的話就是：「老是找我的碴。」

不是說年輕就是本錢嗎？不是說此處不留人，自有留人處嗎？年輕人血氣方剛，準備在下一次老闆找他麻煩時，和他大吵一場，出了惡氣之後另謀出路。這個年輕人把自己的想法告訴一個年長的朋友，他的朋友問他：「你是你們公司很重要的人嗎？」年輕人回答不是。「不是的話，你和他吵一架後走了，也許正合他意，他高興還來不及，你出得了什麼惡氣？再說，為一個平庸的人找一個替補人選，不是很容易的事情嗎？」

年輕人冷靜下來，認為言之有理，於是向朋友請教。朋友建議他：「你從現在開始，努力工作與學習，盡快掌握公司的大小事務，等熟能生巧後再一走了之，豈不讓老闆更加困

擾？他一時間哪裡找這麼能幹的人？——這種出氣的效果，遠比簡單粗暴的吵架來得有用透徹！」

　　年輕人不傻，想想朋友的建議的確很有見地，於是開始為將來的「復仇」而忙碌。

　　一年後，朋友再次見到了這位昔日不得志的年輕人，一陣寒暄過後，問年輕人：「現在學得怎麼樣？足夠讓你的老闆『內傷』了吧？」年輕人興奮中夾雜著一絲不好意思，回答道：「自從聽了你的建議後，我一直在努力學習和工作，只是現在我不想離開公司了。因為最近半年，老闆又是給我升職，又是給我加薪，還經常表揚我；基本上也不會找碴了，就算偶爾批評幾句也委婉多了。」

　　很明顯，這場賽局是正和賽局：年輕人增強能力、獲得了更好的職位與更高的薪水，老闆得到了可用之才。如果年輕人和老闆大吵一架之後辭職，無疑屬於負和賽局。選擇正和賽局，需要拓展思路，即使是研究賽局理論的普林斯頓大學數學系教授約翰‧納許，也曾差點陷入零和賽局的錯誤。

　　一個烈日炎炎的下午，納許教授給一群學生上課，教室窗外的樓下有幾個工人在修房子。工人們手裡的機器發出刺耳的噪音，嚴重影響納許講課，於是他把窗戶關上，馬上有同學提出意見：「教授，請別關窗子，實在太熱了！」納許一臉嚴肅地回答：「課堂的安靜比你的舒適重要得多！」然後轉過身一邊叨叨：「為你們上課，在我看來不但耽誤了你們的時間，也耽誤了我的寶貴時間……」一邊在黑板上寫著數學公式。

正當教授一邊自語，一邊在黑板上寫公式之際，一位叫阿麗莎的女學生（這位女學生後來成了納許的妻子）走到窗邊打開窗子。納許用責備的眼神看著阿麗莎：「小姐……」而阿麗莎對窗外的工人說道：「打擾一下，嗨！我們有點小小的問題，關上窗戶，這裡會很熱；開著，卻又太吵。我想能不能請你們先修別的地方，大約四十五分鐘就好了。」正在忙碌的工人愉快地說：「沒問題！」又回頭對自己的夥伴們說：「伙計們，讓我們休息一下吧！」阿麗莎回過頭來愉快地看著納許教授，納許教授也微笑地看著阿麗莎，既像是講課，又像是在評論她的做法似的對學生們說：「你們會發現，在多變性的微積分中，一個難題往往會有多種解答。」

阿麗莎對「開窗難題」的解答，使原本的零和賽局變成了另外一種結果：同學們既不必忍受室內的高溫，教授也可以在安靜的環境中講課，結果不再是零，而成了＋二；而作為第三方的工人，也沒有因此停工造成損失。

可見，很多看似無法調和的矛盾，其實並不一定是你死我活的僵局，那些看似零和賽局或者是負和賽局的問題，也會因為參與者的巧妙設計，而轉為正和賽局。正如納許教授所說：「多變性的微積分中，一個難題往往會有多種解答。」這一點，無論是在生活中還是工作上，都給了我們有益的啟示。

絕地逢生術：膽小鬼賽局

記得小學時有一篇課文，說的是兩隻山羊面對面過獨木橋，互不相讓，在橋上爭鬥，最終一起掉入河裡。那時，我想：如果我是其中一隻山羊，我究竟會怎麼做？

顯然，堅持前進打得頭破血流，最後雙雙掉進河裡，不是最佳的選擇；那麼就只好一方後退了。如果對方堅持不後退，唯有自己後退一步，讓對方先通過，之後自己再過去。儘管後退浪費了一點自己的時間與精力，還有些失尊嚴，但總比掉到河裡好很多。

以上故事裡的山羊，一定不是「理性經濟人」，也沒有讀過賽局理論。在賽局理論裡，有一個類似的模型叫「膽小鬼賽局」，講的是兩隻公雞狹路相逢，誰也不服誰；但在最後關頭，不會兩隻雞都進攻——因為兩隻公雞都負擔不起你死我活的衝突後果。但也不會兩者都退讓妥協，通常是一隻雞進，大勝；另一隻雞退，小敗。

在《戰國策》裡，就記載了一則驚心動魄的故事，可以說是古人對賽局理論的高超運用：

伍子胥的父親伍奢和兄長伍尚，是楚國的忠臣，因受費無忌讒害，伍奢和伍尚一同被楚平王殺害。伍子胥僥倖逃脫，想投奔臨近的吳國，一路上，伍子胥小心地躲避楚軍的追捕。

　　終於，伍子胥來到了楚吳邊境。眼看成功逃亡在即，還是不慎被守關的斥候（偵察兵）抓住了。斥候對他說：「你是朝廷重金懸賞的逃犯，我必須帶你去面見楚王！」伍子胥說：「不錯，楚王確實在抓我。但是你知道原因嗎？是因為有人跟楚王說，我有一顆寶珠，而楚王一心想得到我的寶珠，可我的寶珠已經丟失了。楚王不相信，以為我在欺騙他，我只好逃跑；但如果你把我交給楚王，那我就會在楚王面前，說你奪去了我的寶珠，並吞到了肚子裡。楚王為了得到寶珠，一定會先把你殺掉，並剖開你的肚子，把你的腸子一寸一寸剪斷來尋找寶珠。這樣我活不成，而你會死得更慘。」

　　斥候信以為真，非常恐懼，只得把伍子胥放了。伍子胥終於逃出了楚國。

　　伍子胥和斥候在邊境狹路相逢，伍子胥要過邊境，斥候要抓他見楚王（楚王會殺了伍子胥）。這本來是一場實力懸殊的較量，幾乎就是「人為刀俎，我為魚肉」；但伍子胥卻虛張聲勢，將自己的力量提高到能致對方於死地。

　　站在伍子胥的角度，無論如何難逃一死，不如放手一搏，做一隻強硬進攻的「鬥雞」。站在斥候的角度，他面臨的選擇是：進攻——抓伍子胥可以得到賞金，但自己也會死；後退——偷偷放過伍子胥，雖然拿不到賞金，但自己的命保

得住。當然，斥候也未必真的相信伍子胥的話，但問題是：萬一伍子胥說的是真的怎麼辦？顯然，在伍子胥的說詞沒有明顯破綻的前提下，斥候沒必要以命相搏。後退，放過伍子胥是他最佳的選擇。

因此，在膽小鬼賽局中，如果有一方拿出「絕不後退」的姿態並讓對方相信，那麼必定是最大的贏家。這就是為什麼在糾紛中，講理的人往往會讓著那些無理取鬧、逞凶鬥狠的人。

看到這裡，也許有讀者會這麼想：看來做人還是無理取鬧、蠻橫霸道好，這樣就能在糾紛中做最大的贏家。但問題是，人們對這樣的人避之唯恐不及，生怕走近你就惹禍上身——結果是，無人要搭理你。這個社會，一個人能成的了什麼事？就算你渾身是鐵，又能如何？

膽小鬼賽局在我們生活中比比皆是，比如吵架——夫妻之間、朋友同事之間、陌生人之間，絕大多數都是以一方退讓而偃旗息鼓。國與國之間，也經常有膽小鬼賽局：你威脅我要發動戰爭，我威脅你要動用高科技武器。雙方都很高調（都想做那隻進攻的鬥雞），反覆地試探……而一旦確認對方真正的實力與策略，往往就會有一方退讓，不至於釀成真正的武力對抗而兩敗俱傷。

最後需要強調的是：膽小鬼賽局絕不會鼓勵你總是去做進攻的「鬥雞」，很多時候退後也不失為最佳選擇；不過，一旦選擇了進攻，就不要存婦人之仁，唯有進攻到底，才能讓對方心生恐懼，主動讓路。

勤勞者為何吃虧：智豬賽局

　　豬圈裡有一大、一小兩頭豬，牠們進食時都需要觸動東邊的開關，每次觸動都會讓西邊食槽裡出現十個單位的豬食。而前去觸動開關的豬因為體力損失，每次需要消耗兩個單位的豬食營養。大豬嘴巴大，若小豬去觸動開關，大豬在槽邊等，大、小豬吃到食物的收益比是九比一；若同時去觸動按鈕，一起回到槽邊，收益比是七比三；若大豬去觸動開關、小豬守在槽邊，收益比是六比四；如果都守在槽邊，兩隻豬一起挨餓。那麼，在兩頭豬都有智慧的前提下，最終結果是：大豬忙著觸動開關，小豬只是悠閒地守在槽邊吃。

　　這就是「智豬賽局」的模型，由約翰·納許在一九五○年提出，是著名納許均衡的例子。其原因很好理解：當大豬選擇行動的時候，小豬如果也行動，其收益是一（三減二），而小豬等待的話，收益是四，所以小豬選擇等待；當大豬選擇等待的時候，小豬如果選擇行動的話，其收益是負一（一減二），而小豬等待的話，收益是○，所以小豬還是選擇等待。總之，你（大豬）去或不去，我都守在槽邊，不急不躁。等待，永遠是小豬的占優策略。

做了也是白做，又有誰願意白做？在智豬賽局中的制度，鼓勵或助長了懶漢行為。試想，如果開關與食槽之間近一點，或者設計出一種「誰按開關誰吃」的食槽（大豬的槽高到小豬夠不著，小豬的槽用格子網覆蓋，只有小豬的嘴能伸進去），那麼懶漢就被逼得勤快起來了。

所以經常說「制度是第一生產力」，是很有道理的，制度不公，就很難調動人的積極性。就像以前農村的公共食堂，不管做多少得到的回報都差不多，於是更多人心安理得地當起了不勞而獲（少勞而獲）的「小豬」；而「小豬」一多，大豬、小豬的肚子都吃不飽，作為制度設計者，一定要盡量在制度層面避免智豬賽局。

作為參與人，特別是自己處於弱勢時，做聰明的「小豬」不失為最優選擇，而這個與道德無關。

立邦塗料從一九九二年進入中國至今，一直不遺餘力地推廣水性建築塗料，從最初中國消費者不知道水性建築塗料為何物，到現在水性建築塗料的大面積運用，立邦公司可謂下了大功夫。

立邦一邊利用空中廣告，提高知名度；一邊尋找經銷商，進行銷售布局。立邦之所以敢先聲奪人，信心在於三個方面：一為資金實力雄厚，二為銷售技術成熟，三為產品優勢明顯。

立邦擁有的資源頗多，充當大豬的角色，開始觸動豬食開關。由於進入的時間點非常恰當，再加之市場推廣手法先進，產品施工簡易，優勢顯著，立邦這隻大豬開始吃到食

物，在二〇〇〇年以前，立邦至少吃到四成以上。

塗料市場被立邦慢慢擴大，食物流量也越來越多，巨大的誘惑吸引了眾多覬覦者；再加上乳膠漆行業門檻低，產品技術容易複製，「小豬」開始形成。他們等待在食槽旁邊，搶食大豬觸動開關後流下的食物，立邦吃到的食物驟減，剩下不到兩成。

實際上，案例中的小豬是無意識採取了等待的態度。為什麼說是無意識？因為對於眾多的小廠商來說，如當時的華潤，一無資金，二無技術，就是想與大豬一起行動也力不從心；而這種無作為反而幫了小豬，使小豬吃到食物，形成原始積累。

對於立邦來說，他盡了大豬的義務，因為「智豬賽局」主張的是占用更多資源者承擔更多的義務。立邦之所以花費精力觸動開關，是想在吃到更多食物後迅速成長為超級大豬，占據百分之三十以上的市場份額，形成市場壟斷；不料，在食物越來越多以後，代表眾多廠商的小豬吃到的食物占到九成；更意外的是，出現另一頭大豬得利，雖然和自己一起奔跑，但搶吃的食物和自己幾乎一樣多。

經此一役，立邦在推廣水性木器漆上開始變聰明。水性木器漆是油性木器漆的升級產品，最大的優點在於無毒、無害、環保。油性木器漆是溶劑型塗料，採用苯類、脂類和酮類物質作為溶劑，揮發物對人體、環境有害。雖然國家對揮發物 VOC 作出了嚴格限制，但是治標不治本。水性木器漆採用水作為溶劑，揮發物 VOC 是水蒸氣，真正做到環保，無毒

無害。

歐美等已開發國家水性木器漆的普及率，高達百分之五十以上，而在中國不到百分之一。立邦在技術上有優勢，在資金上有實力，為什麼到現在還不推廣水性木器漆？

顯然，立邦是在吸取水性建築塗料上的教訓。立邦發現：現在推廣水性木器漆將會遇到的問題，同過去自己在水性建築塗料上的情況相似度很高。主要有幾點：一是消費市場沒有形成，消費意識需要被引導，這樣將花費大量的財力、物力；二是市場培育起來後，小豬們搭便車，坐收漁人之利；三是產品市場前景廣闊，利潤可觀。有了前車之鑑，立邦變得格外謹慎。作為名義上的大豬，立邦不想獨自去觸動開關，而是讓小豬去觸動。

在賽局中，搶占先機並不意味著占優，因為先驅也很容易成為先烈；做強、做大並不意味著有利，因為強大意味著要承擔更多責任。立邦在悟透這一層天機後，明智地選擇做形式上的小豬。然而那些塗料廠商的小豬們並不甘心，他們像大豬一般，努力奔波於開關與食槽之間，但是吃到的食物並不多，嘉○○等廠商的虧損就是例證。之前的神洲、迪邦、水清漆寶、亞力美推廣水性木器漆更是慘淡出局。

立邦在水性木器漆的市場開發中，不主動當辛勤的大豬是可取的。他讓眾多小豬去忙碌，讓小豬們承擔引導消費意識與市場培育的工作，以及市場開發的試錯成本；待到市場培育完成，立邦便會攜技術與資金的優勢強勢出擊，不用支付太大成本，卻能夠酒足飯飽。

第二章
生活中的經濟學

　　生活中,我們任何一個行動都涉及「成本與收益」的問題,而經濟學正是緊扣「成本與收益」展開的一門學科。《紅樓夢》有云:「世事洞明皆學問,人情練達即文章。」在這裡,我們不妨將這副對聯改動兩字:「世事洞明皆學問,人情練達即經濟。」

　　掌握了經濟學,你將「世事洞明」並「人情練達」。

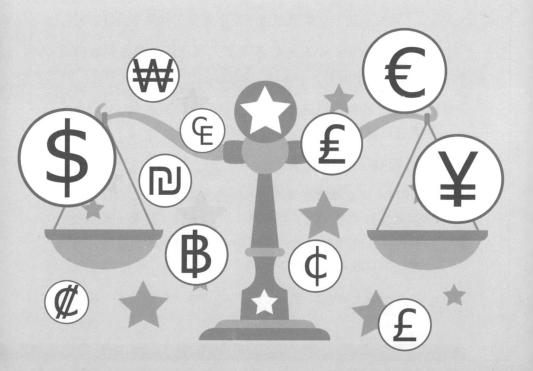

傑米揚的湯：邊際報酬遞減

傑米揚準備了一大鍋魚湯，請朋友老福卡前來品嘗。

「請啊，老朋友，請吃啊！這個魚湯是特別為你準備的。」傑米揚知道老福卡最愛喝魚湯。

果然，老福卡喝得津津有味。

「再來一碗！」傑米揚可不是小氣鬼，他熱心且好客。

「不，親愛的朋友，吃不下了！我已經吃得塞到喉嚨眼了。」老福卡回答。

「這一小鍋總吃得完，而且味道也的確好，喝這樣的魚湯是要有口福的呀！」

「可我已經吃過三碗了！」

「嗨，何必算那麼清楚呢？你的食量太小了！憑良心說，這湯真香真濃，在鍋子裡簡直跟琥珀一樣。請啊，老朋友，替我吃完！吃了有好處的！喏喏，這是鱸魚，這是肚片，這是鱘魚。只吃半鍋，吃吧！」

傑米揚大聲喊來自己的妻子：「珍妮，你來敬客，客人會

領你的情的。」

　　傑米揚就這樣熱情地款待老福卡，不讓他停止，一個勁兒勸他吃。老福卡的臉上大汗如注，勉強又吃了一碗，並裝作津津有味的樣子，其實再也吃不下了。

　　「這樣的朋友我才喜歡，那班吃東西挑剔的貴人們，我想想就覺得可氣。」

　　傑米揚嚷道：「真痛快！好，再來一碗吧！」

　　奇怪的是，老福卡雖然很喜歡喝魚湯，卻馬上站起身來，趕緊拿起帽子、腰帶和手杖，用足全力跑回家去了。

　　從此，老福卡再也不上傑米揚的門。

　　以上是著名寓言家克雷洛夫寫的一則寓言。對這則寓言，一般人的解讀不外乎是：再好的東西，如果不加節制地強加於人，也會適得其反，使人難以忍受。這種讀後感當然也沒有錯，只是不夠深刻。

　　從經濟學的角度來看，這則寓言說的是一種叫「邊際報酬遞減」現象，或「邊際效用遞減」。「邊際效用」是經濟學中是一個非常重要的概念，指在一定時間內，消費者增加一個單位商品或服務所帶來的新增效用，也就是總效用的增量。在經濟學中，效用是指商品滿足人欲望的能力，或者說，效用是指消費者在消費時的滿足程度。

　　邊際報酬遞減，指的是在一定時間內，在其他商品的消費數量保持不變的條件下，隨著消費者對某種商品消費量的增加，消費者從該商品連續增加的每一消費單位中所得到的

效用增量，即邊際效用是遞減的。

經濟學的基本規律之一，就是邊際報酬遞減。經濟學家在用邊際效用解釋價值時，引發了經濟學上的變革。因此，邊際效用理論，是現代經濟理論的基石，它的出現被稱為經濟學中的「邊際革命」。

而在我們的生活中，邊際報酬遞減的例子比比皆是：無論男女，對初戀情人總是最為難忘，因為第一次戀愛，感情難忘值是最高的；再比如，有一個地方很好玩，是旅遊的好景點，第一次去會覺得新鮮，玩得很痛快，覺得收穫不小，但如果去的次數多了，新鮮感就會下降。

因此，經濟學家茅于軾先生，曾在文章〈幸虧我們生活在一個邊際收益（報酬）遞減的世界裡〉中感嘆：

「如果收益不遞減，而是永遠成比例，甚至還遞增，我們就會面臨一個瘋狂的世界，全世界的人醉心於單一的消費，而且這種消費由一種極端畸形的方式在生產，譬如全世界只種一塊地；然而，收益遞減無法用任何邏輯加以證明，它只能被當作經濟學中的一條公理被接受。」

想想也是，若是沒有邊際報酬遞減，喜歡的地方去一百次也不厭倦，每天只吃情有獨鍾的美食、重複做自己喜歡的事情……如此是不是非常令人不寒而慄？

在親子教育方面，邊際報酬遞減的例子也很多：有些家長看了《告訴孩子你真棒》這本書後，就以為「誇獎」是教子的不二法門，於是一天到晚誇獎孩子這也「真棒」，那也

「真棒」；殊不知，太浮濫的讚美，在孩子心裡激不起一絲漣漪。同樣，家長若天天批評孩子，孩子最後都已無所謂，對批評視若無物，而這使家長又有了批評的理由——你怎麼臉皮那麼厚……諸如此類。可是，又是誰造成了這個惡果？不是別人，正是家長自己。

在對邊際報酬遞減有所瞭解後，在實際生活中，就可以試著運用它：

一方面，努力讓自己別成為「傑米揚」，在合理範圍內，試著變化新的方式，哪怕是給家人做道新的菜，說句很久沒說的「我愛你」；另一方面，如果自己是「老福特」，也要領會到「傑米揚」的好意，妻子十年如一日地洗衣、做飯，作為「老福特」的你，是否因為邊際報酬遞減而無視了她？

如此種種，不一而足。若能做到舉一反三，無論對於工作還是生活，均大有裨益。

大衛王的哭泣：沉沒成本

　　大衛王（約公元前一千年－公元前九百六十年在位），是古代以色列王國的君主，這個偉大的國王曾深深迷戀一位美女：一天，他從王宮的平台上看見一位容貌甚美的婦人，頓時心旌搖曳，在打聽出女人的身分後，隨即將她接進宮中。

　　這個美貌的婦人叫拔示巴，是大衛王手下將領烏利亞的妻子。大衛王和部下之妻拔示巴風流後，不久，拔示巴告訴大衛王懷上了他的孩子。他便將拔示巴的丈夫烏利亞派去前線，並寫信給前線的元帥，要求他把烏利亞安排在陣勢最險惡的地方，希望藉敵人的手將其殺死；如此，大衛王就可以得到拔示巴以及她腹中的孩子。

　　大衛王的計謀得逞了，烏利亞如他所願戰死在前線。大衛王光明正大地將拔示巴迎娶進宮，成為他眾多女人當中最為寵幸的人；然而大衛王借刀殺人、霸占人妻的陰險行為激怒了天神，耶和華讓他與拔示巴的孩子患上重病。

　　大衛王為這孩子的病懇求神的寬恕：他開始禁食，把自己關在內室裡，白天黑夜都躺在地上。家中老臣來到他的身

旁，要扶他起來，他卻固執不肯起來，也不與他們吃飯。他希望用這種方法，求得天神的原諒，降福於他的孩子。

然而，在大衛王的「苦肉計」進行到第七天時，患病的孩子終於死去了。大衛王的臣僕都不敢告訴他孩子的死訊，他們想：孩子還活著的時候，我們勸他，他都不肯聽我們的話，現在若告訴他孩子死了，他怎能不傷心欲絕呢？

大衛王見臣僕們彼此低聲說話、神色戚戚的樣子，就知道孩子死了。於是他問臣僕們：「孩子死了嗎？」

臣僕們不敢撒謊，只得如實回答：「死了。」

大衛王聽了孩子的死訊，就從地上起來，沐浴後抹上香膏，又換了衣服，走進耶和華的宮殿敬拜。然後他回宮，吩咐人擺上飯菜，大口大口地吃了起來。

臣僕們疑惑地問：「王啊！您這樣做是什麼意思呢？孩子活著的時候，您不吃不喝，哭泣不止；現在孩子死了，您反而神色如常的吃喝？」

大衛王說：「孩子還活著的時候，我不吃不喝，哭泣不已，是因為我想到也許耶和華會憐恤我，說不定能不讓我的孩子死去；如今孩子都死了，怎樣也無法復活了，我又何必以禁食、哭泣來折磨自己呢？我無論怎麼做，都不能使死去的孩子復活了！」

大衛王真不愧一代偉人，其科學理性的經濟學思維，讓現在很多人都自嘆不如。

在經濟學中，有個概念叫作「沉沒成本」（或稱沉澱成

本、既定成本），代指已經付出且不可收回的成本。沉沒成本常與變動成本作比較，因為變動成本可以被改變，沉沒成本則否。在個體經濟學理論中，做決策時僅需要考慮變動成本，如果同時考慮到沉沒成本，那就不是純粹基於事物價值作出的結論。

舉例來說，如果你預訂了一張電影票，且已付清票款，不能退票，此時支出的錢即屬於沉沒成本；而若開始看電影後，你發現電影無聊至極。這時，你有兩個選擇：強忍看完，或退場去做別的事情。你會選擇哪一種？

如果你選擇退場，恭喜你，你有經濟學家的潛力；如果你選擇強忍看完，很不幸，你跌進了所謂「沉沒成本謬誤」的陷阱。經濟學家們會稱這些人的行為「不理智」，因為無論你看還是不看，票錢都沉進太平洋的海底了。不看，還可以用這些時間做點別的事；看就是花錢找罪受，雙重損失。

生活中，陷入「沉沒成本謬誤」的人並不少：

有個男孩，最終選擇了和女友甲結婚，理由是：和甲談戀愛時花了很多錢。沒有選擇乙，並不是因為乙不夠好。他和甲相戀三年，花了好幾萬元，兩人的性格也不是很合得來，總是吵吵鬧鬧，分分合合；大約一年前，因為他與甲大吵一架，而去外地打工時認識了乙。和乙相處的大半年裡，兩人的關係非常好，金錢上是 AA 制，乙幾乎沒有用他一分錢。但最終，他選擇了與甲結婚，因為似乎只有選擇甲，那好幾萬元才沒有被浪費。

類似的「沉沒成本謬誤」還有很多——我付出了那麼多，

我不甘心就這樣結束。感情如此，工作亦然：費盡努力進入一家企業，進去後卻不是在自己想要的單位，是否該辭職？不，因為這份工作得來不易。

下次，如果妻子拿著幾張票問你：「老公，我買了兩張電影票，想明晚和你去看電影，但沒想到單位發了兩張雜技表演票，也是明晚的，該怎麼辦？」

這時，你應當想起「沉沒成本」這個經濟學術語，問她：「你喜歡看電影還是雜技？」如果妻子的回答是「雜技」，你就可以將電影票撕了（送人也可以）。你妻子可能會埋怨你：「一百元一張呢，好心疼啊。」是的，一百元一張，但那是沉沒成本，沉沒在海底深處。

「沉沒成本」是一個過去式。作為理性的經濟人，在做決策時不應被沉沒成本左右，而不計沉沒成本也反映了一種向前看的心態。就像英國諺語所說的：「隨手關上你身後的門。」人要懂得放下與捨得，對於整個人生歷程來說，我們以前走的彎路、做的錯事、受的挫折，何嘗不是一種沉沒成本，過去的就讓它過去，總想著那些已成定局的事情，只是在自我折磨。

不妨擁有一顆「輸得起」的決心，畢竟過去的失誤也好、榮譽也好，都已經隨著時間「沉沒」了；如今就只有現在和未來，機會等待把握，價值等待體現。面對那些無法改變、無法挽回、無法追溯的「失去」，要在心理上真正放手，輕裝上陣，才能走得更遠。

冰淇淋實驗：參考點依賴

　　我們都知道：在經濟學中，所有的人都被假設為「理性經濟人」；然而現實生活中，人們往往喜歡感性行事。

　　打個比方：公司年底開年會，你第一個抽獎，中了一千元現金。這本來是一件值得高興的好事，可沒有高興多久，你發現後面多數同事，中的獎比你大，有中兩千元現金的，有中 Apple 手機與電腦的，而比你少的屈指可數，和你同樣金額的也不多。這時，你心裡就不會那麼高興了，甚至會有一些沮喪，覺得自己「吃虧」了。

　　為什麼明明得到了，卻有「失去」的沮喪感？這是因為你參考周圍的同事所得，心裡開始不平衡。多數人對得失的判斷，往往是由某個參考點決定——曾榮獲二〇〇二年諾貝爾經濟學獎的普林斯頓大學教授卡尼曼，將這個發現稱為「參考點依賴」。 對此，美國作家 H·L· 孟肯早有發現：「只要比你小姨的丈夫（連襟）一年多賺一千塊，你就算是有錢人了。」只是孟肯並沒有因為這句話而榮獲諾貝爾文學獎。

　　其實，中國傳統的「塞翁失馬」典故，就是一個典型的

參考點依賴案例：塞翁的兒子因為騎馬摔斷了腿，本來是件不幸的事，卻因為腿疾而不用當兵；結果邊境起戰火，邊境一帶的青壯年男子都被徵召入伍，十個中死了九個。塞翁的兒子因為腿瘸不用當兵，父子倆得以保全性命。參考周圍的死難青壯年，腿瘸實在算是一種大幸。

卡尼曼在諾貝爾獎頒獎儀式的演說中，特地談到了一位華人學者，他就是芝加哥大學商學院的終身教授，奚愷元教授。奚教授曾於一九九八年發表了著名的冰淇淋實驗：

冰淇淋 A 有七盎司，裝在五盎司的杯子裡面，看起來非常飽滿；另外一杯冰淇淋 B 有八盎司，裝在十盎司的杯了裡，看起來並沒有裝滿。

客觀來講，哪一杯冰淇淋更划算呢？按照傳統經濟學的理論，如果說人們喜歡冰淇淋，那麼八盎司的冰淇淋比七盎司的多；如果人們喜歡吃餅乾甜筒，那麼十盎司的杯子比五盎司的杯子大。所以不管從哪個角度來說，傳統經濟學都認為：人們願意為冰淇淋 B 支付更多錢。

但是實驗表明，在分別判斷的情況下（也就是人們不能把這兩杯冰淇淋放在一起比較），人們更願意選擇冰淇淋 A。平均來講，人們願意花二點二六美元買冰淇淋 A，卻只願意用一點六六美元買冰淇淋 B。也就是說：如果這兩杯冰淇淋都標價兩美元，那麼大部分人會選擇冰淇淋 A。

然而為什麼？奚教授指出，人們在做購買決策的時候，通常不是像傳統經濟學那樣判斷一個物品的真正價值，而是根據一些比較容易評價的線索。在這個實驗中，人們就是根

據冰淇淋的「滿或不滿」，來決定不同冰淇淋不同的價錢。

奚教授的實驗，不僅給商家指出了一個方向，也為我們為人處世指出了一條路：我們可以透過調整參考值，影響人對得失的判斷。比方說你想邀請你朋友出資一百萬，合夥做一樁生意，你估計這樁生意的週期為三個月，各自能分八到十萬的盈利。那麼，不妨適度調低參考值，告訴他大約有六萬的盈利，而不是說「如果控制得當有望賺十萬元」之類的話；等到生開始合作，如果賺了八萬，他一定會很高興；而假設你當初說的是「有望賺十萬元」，哪怕你最終賺了九萬，他仍感覺少賺。

但是，如果我們深度探討以上例子，就會發現其中還有一些細微的問題，比方說：朋友聽你說預期目標是六萬後，感覺太少，而不願意投資一百萬。這時，你的預期收益目標就需要適度提高，參考點依賴理論認為：低標準的目標往往使人謹慎行事，而高標準的目標往往使人敢於冒險。因此，預期收益的多寡，除了要考慮實際的收益預計外，還要考慮對方的投資意願。如果估計六萬的預期收益可以打動對方，那就不妨說六萬；如果對方需要十萬，甚至更高的收益才會動心，而你又很需要對方出資來完成這樁生意，就只能調高預期目標。與此同時，你要做好日後喪失信譽的心理準備，或者做好自己少賺，以確保對方能拿到預期利潤的心理準備（這樣就保全了自己的信譽）。具體如何決策，一切取決於實際情況。

總之，參考點依賴很美，缺少的是一雙發現美的眼睛。

在現實生活中，若學會運用參考點依賴，你將能更好地把握
人生的機會，更加接近幸福。

由奢入儉難：掣輪效果

　　北宋的第八位皇帝，宋徽宗趙佶，在詩、書、畫上都有極高的造詣，是一位卓越的藝術家。趙佶剛登上皇位時，還能勉強恪守宋太祖留下來的節儉家風；但很快，就開始奢華鋪張。奸臣蔡京等人見此，更是推波助瀾，認為皇帝理當在富足繁榮的太平盛世及時享樂，不應效法前朝惜財省費、倡儉戒奢之陋舉。趙佶聽了，心中很是高興。

　　一次，趙佶生日大宴群臣，他拿出玉盞、玉卮等貴重的酒器，說：「朕欲用此吃酒，恐人說太奢華。」蔡京是何等聰明之人，忙道：「臣當年出使契丹，他們曾持玉盤、玉盞向臣誇耀說南朝無此物。今用之為陛下祝壽，於禮無嫌。」宋徽宗說：「先帝當年欲築一小台，不過數尺之高，言不可者甚眾，朕深覺人言可畏。此酒器雖早已置辦，但若是人言四起，朕難以辯白。」蔡京卻振振有詞：「事苟當於理，多言不足畏也。陛下當享天下之奉，區區玉器，何足計哉！」蔡京甚至搬出《周禮》中的「唯王不會」，宣稱君王的開銷，自古以來就不受任何預算、審計制約，君臣之間，可謂一唱一和。

　　蔡京的長子蔡攸，雖沒有蔡京引經據典那樣高超的逢迎技巧，但在鼓吹享樂哲學方面卻是青出於藍。他經常向宋徽宗宣揚：「所謂皇帝，當以四海為家，太平為娛。歲月能幾何，豈可徒自勞苦！」趙佶聽了，越發肆無忌憚地縱情聲色，驕奢淫逸。

　　宋徽宗最寵信、最重用的將相大臣，個個也都是聚斂私財、揮金如土的高手，宰相蔡京生性好客貪吃，經常大擺宴席。有一次他請僚屬吃飯，光蟹黃饅頭一項就花掉一千三百餘貫錢；他家僮僕、姬妾成群，僅廚子就上百，分工極細，有不少人專做包子，還有婢女專門負責縷蔥絲；他在首都開封有兩處豪宅，謂之東園、西園，西園更是拆毀數百家民房強行建成的。有人評論：這兩處府弟是「東園如雲，西園如雨」。意思是東園樹木蔥蘢，望之如雲；西園迫使百姓流離失所、淚下如雨。蔡京還在杭州鳳山腳下建造了更加雄麗的別墅；此外，御史中丞王黼家養姬妾的數量與品質，幾乎可以與後宮相比；宦官童貫家晚上從不點燈，而是懸掛幾十顆夜明珠照明，誰也說不清他有多少家財。

　　喜好奢靡的猛獸一旦出籠，就如洪水一樣不可收拾。日益沉重的財政負擔，令朝廷不堪負荷。其間，趙佶也試圖透過適度的節儉來扭轉財政危機；但他真正想實施時，卻又認為這也無法削減，那也難以削減。最後，所謂的適度節儉仍是不了了之。

　　這些奢華的成本，最終落在底層百姓的稅賦上；當然，最後也會反撲到奢華者本人身上。不滿朝廷橫徵暴斂的百

姓，在兩浙、黃淮等地，相繼爆發了聲勢浩大的起義，民眾的反抗撼動了北宋的根基，使朝廷在金兵入侵時不堪一擊。

公元一一二六年閏十一月底，金兵再次南下。十二月十五日攻破汴京，金帝廢徽宗趙佶與其子欽宗趙桓為庶人。靖康二年，公元一一二七年三月底，金帝將徽宗與欽宗，連同后妃、宗室、官吏數千人，以及教坊樂工、技藝工匠、法駕、儀仗、冠服、禮器、天文儀器、珍寶玩物、皇家藏書、天下州府地圖等押送北方，汴京公私積蓄被擄掠一空，北宋滅亡。因此事發生在靖康年間，史稱「靖康之變」。

趙佶被囚禁了九年，最終在公元一一三五年四月甲子日，不堪精神折磨死於五國城，金熙宗將他葬於河南廣寧（今河南省洛陽市附近）。公元一一四二年八月乙酉日，宋金根據協議，將徽宗遺骸運回臨安（今浙江省杭州市），由宋高宗葬之於永佑陵。

奢靡成習的宋徽宗趙佶，想節儉時卻感到力不從心，這種現象在經濟學中叫掣輪效果，指人的消費習慣形成後有不可逆性，即易於向上調整，卻難於向下收斂。尤其在短期內的消費是不可逆的，其習慣效應較大，這種習慣效應，使消費取決於相對收入，即相對於自己過去的高峰收入。消費者容易隨收入的提高增加消費，但不易於隨收入降低而減少消費，以致產生正截距的短期消費函數。

舉一個現實生活中常見的例子：當你剛從學校畢業時，月收入很低，那時你一個月還能存個兩三百元；努力幾年之後，你的薪水漲了。這時，若要你一個月只花像當初畢業那

樣，還做得到嗎？就算加上物價上漲的因素，再加幾百元，你還是覺得沒法生存吧？

問題出在哪裡？為什麼當年用那麼少的錢就能生存，現在卻不能夠了？因為隨著可支配財富的增加，慾望也在增長，很多不屬於生活必需品的商品與服務，逐漸成了生活必需品。清貧時，有飯吃就可以了，多人合租也很正常；然而有錢以後，就不是有飯吃、有地方睡那麼簡單了，各種飯局、車、房、得體的衣服，各種保養品，這些都會成為必需品，一樣也少不得。你可以從政府供給的國宅搬進新買的別墅，但要你搬進從前與人合租的地下室，除非破產，否則很難。

掣輪效果由經濟學家杜森貝里提出，古典經濟學家凱因斯主張消費是可逆的，即絕對收入水準的變動，必然立即引起消費水準的變化。針對這一觀點，杜森貝里認為這在實際上是不可能的，因為消費決策不可能是一種理想計劃，它還取決於消費習慣。這種消費習慣受許多因素影響，如生理和社會需要、個人的經歷、個人經歷的後果等，特別是個人收入最高峰所達到的消費標準，對消費習慣的形成有很重要的作用。

實際上，掣輪效果還可以一句古訓加以說明：「由儉入奢易，由奢入儉難。」這句話出自北宋政治家司馬光的一封家書，在年齡上，司馬光是宋徽宗趙佶的祖父輩；司馬光六十七歲過世時，趙佶才四歲。司馬光曾用這句話告誡兒子保持儉樸的家風，趙佶的先祖其實也是家風儉樸，但到他那

裡斷了。

　　從掣輪效果中，我們應時時告誡自己：生活盡量保持儉樸，以防自己掉入貪圖享受的泥潭無法自拔。一個人如果被欲望牽著走，很容易迷失自己，誤入歧途。

「平均」的迷信：賭徒謬誤

假設你和別人玩拋硬幣、猜正反的遊戲，現在已經連續出了五次反面，在第六次拋硬幣之前，你猜出哪一面的機率大？

如果你猜正面的機率大，那麼你就錯了（猜反面機率大也錯了）。猜正面機率大的可能會很不服。理由是：拋硬幣本來就是百分之五十的正反面機率，也就是說正常情況下，拋六次硬幣應該是正反面各三次；現在反面都出了五次了，「應該」要出正面了。甚至有人會用數學的機率來論證：連續六次拋出反面的機率是六個二分之一相乘，也就是六十四分之一，因此第六次正面的機率是六十四分之六十三。

然而，事實的真相是：第六次出現正、反面的機率均仍然是二分之一。理由很簡單：既然每一次拋硬幣出現正反面都是二分之一的機率，為什麼第六次不是二分之一呢？

經濟學家將人們此種不合邏輯的推理方式稱為「賭徒謬誤」。其定義如下：認為隨機序列中，一個事件發生的機率，與之前發生的事件有關，即其發生的機率，會因為之前沒有

發生該事件而上升。

　　賭徒謬誤在人們賭博以及投資中屢見不鮮。例如一個賭徒連續輸了五把，第六把他常常會堅信自己贏面大，而下更大的注，因為他不相信自己會連輸六把——連輸六把的機率的確很小，但他忘了每一把輸的機率都是一樣。假設他第六把繼續輸，那麼他第七把或許會下更大的賭注。

　　而股票市場中，賭徒謬誤也比比皆是。股票指數期貨連續漲（跌）了三天了，是不是該跌（漲）了？石油從四十八元跌到了二十元，不可能再跌了吧？然而事實上，股票指數期貨不但可以從兩千點一路摸高到六千點，也能夠從六千點「跌跌不休」到一千八百多點。

　　經濟學家德‧邦德的研究發現：三年牛市之後的股民預測往往過於悲觀，而在三年熊市之後則會過度樂觀。人們傾向認為，一件事總是連續出現一種結果，則很可能會出現不同結果來「平均」一下；也正是這種思維，使投資者更加相信股價會出現反轉。

　　有中國專家曾做了一個實驗，實驗對象共兩百八十五人，主要是復旦大學的工商管理碩士（MBA）、成人教育學院會計系、經濟管理專業的學員、註冊金融分析師 CFA 的培訓學員，均為在職人員，來自不同行業，從業經驗四到二十年不等。

　　「雖然他們不能代表市場中所有的個人投資者，但隨著中國證券市場的發展，完全無投資知識的個人投資者將會逐步淡出市場，其投資資金將會委託專家管理；而能自主證券

投資的個人投資者，將具有一定的投資知識與水準，本研究中的樣本正是代表了這部分人，或這部分潛在的投資人。」文章對樣本選取的範圍這樣解釋，實驗以問卷調查的形式進行。

第一步，假設每位實驗者中了一萬元的彩券，所得獎金打算投資股市。理財顧問推薦了情況幾乎完全相同的兩支股票，唯一的差別是，一支連漲而另一支連跌，連續上漲或下跌的時間段分為三個月，六個月，九個月和十二個月四組。給定每位實驗者一個時間段，首先表明自己的購買意願，在「確定購買連漲股票」、「傾向購買連漲股票」、「無差別」、「傾向買進連跌股票」、「確定買進連跌股票」五個選項間選擇。然後，要求在實驗者在兩支股票間具體分配一萬元，買入股票所用的資金比例，作為購買傾向的具體度量。

第二步從考察購買行為，轉為考察賣出股票的決策。假設實驗者手中有市值四萬元的股票，現在需要套現一萬元購買一台電腦，同樣推薦了兩支基本情況相似的股票，時間段分組也一樣。實驗者先選擇「對連漲或連跌股票的賣出傾向」，然後決定為了籌集一萬元，打算在兩支股票上各賣出多少錢；最後，研究小組還要求實驗者預測，連續上漲或下跌的股票第二個月的走勢，以及上漲與下跌的機率。

在每一步調查中，如果實驗者的表現前後不一，研究小組會剔除問卷。舉例來說，如果選擇「確定買進連漲股票」、「可投資更多的錢在連跌的股票上」，那麼問卷將被視為無效；此外，「如果被試對股票市場一點都不瞭解，或沒有投資

經驗，問卷也將在實驗中被剔除」。研究小組最終採集的樣本數為一百三十五人，「其中男性七十名，女性六十五名，平均年齡為二十八點五歲，被試者對股市瞭解程度與投資經驗差別很大，平均值均不到五。」

研究小組發現：「在持續上漲的情況下，上漲時間越長，買進的可能性越小，而賣出的可能性越大，預測下一期繼續上升的可能性呈總體下降的趨勢，認為下跌的可能性則呈總體上升趨勢」；反之，「在連續下跌的情況下，下跌的月份越長，買進的可能性越大，而賣出的可能性越小，投資者預測下一期繼續下跌的可能性呈下降趨勢，而預測上漲的可能性呈總體上升趨勢」。這説明，隨著時間長度增加，投資者的「賭徒謬誤」效應越來越明顯。

但是，「這種效應受到投資者對股票市場的瞭解程度、投資經驗、年齡甚至性別的影響」。研究報告補充説：同樣連續上漲的情況下，「賣出的可能性與投資者對股票市場的瞭解程度、投資經驗呈顯著的負相關，意味著瞭解程度越高，經驗越豐富的投資者賣出的可能性更小」，而「股市瞭解程度、經驗又均與年齡呈顯著正相關」；在性別差異方面，「女性投資者在股價連漲時的賣出傾向顯著高於男性，而男性在股價連跌時的賣出傾向卻顯著高於女性」。

最有趣的發現，來自於對實驗者股票持有時間的觀察：「無論在股價連漲還是連跌的情況，實驗者打算的持有時間均很短，平均只有二點九個月和五點七個月」，而且「無論在多長的時間段中，投資者在連跌的情況下，持有股票的時間

都要顯著長於持有連續上漲的股票」。報告認為，前者「驗證了中國投資者喜好短線操作的印象」，後者則說明「在中國投資者中，存在著顯著的『處分效應』」；通俗地講，就是「賺的人賣得太早，虧的人持得太久」。其中，「處分效應」在女性投資者身上體現得更明顯。實驗也發現，投資經驗低與知識程度低投資者的「處分效應」，高於投資經驗高與知識程度高的投資者，表明了後者更加理性。

在起起落落的股海驚濤中，賭徒謬誤對投資股權之類的證券損害無疑是雙重的，也就是：當股票連漲時，在賭徒謬誤的支配下覺得應該跌了，結果容易錯失大好行情；而在股票連跌時，在賭徒謬誤的支配下覺得應該漲了，結果卻每況愈下。

看來，唯有破除心頭的賭徒謬誤，才能在投資市場擁有更大的勝算。

別做大傻子：比傻理論

　　我曾經與專門收藏青銅鏡的朋友逛潘家園的舊貨市場。那時看到一面銅鏡，商販説是漢朝的蟠螭紋鏡，開價十萬。朋友仔細看了看，出價三千元，幾番討價還價，最終以七千元拿下。回來路上，朋友告訴我：「這面銅鏡是明代仿漢朝的銅鏡，市場不多見，價格也就三五千的樣子。」我當時説：「你傻不傻啊，三五千的東西花了七千元。」朋友只是笑笑，沒有回答。

　　半年後，朋友無意中告訴我：那面銅鏡已經出手了，賣了兩萬元。

　　多花了幾千元買銅鏡本來是一件傻瓜才做的事；但因為最後以兩萬出手了，一下子就變得無比聰明。道理何在？因為有一個更大的傻瓜在接盤。再進一步思考：那個花兩萬購進的傻瓜，未必也是真傻瓜，説不定他一轉手又賺了呢……繼續推演，所有的「傻瓜」都不是傻瓜，只有最後接盤的那個，才是真的傻瓜。

　　原來，不管你花多少錢買來的、值不值得，都不重要，

重要的是：有沒有人願意花更多的錢向你購買。這就是經濟學中的「比傻理論」。 比傻理論指在資本市場中（如股票、期貨市場），人們之所以忽略某個東西的真實價值，而願意花高價購買，是因為他們預期會有一個更大的傻瓜，以更高的價格買走。比傻理論告訴人們最重要的道理是：如果是頭一個傻，那是成功的，做二傻也行，只要別成為最後那個大傻子就行，所以比傻理論也叫最大笨蛋理論。

創立總體經濟學的著名經濟學家約翰‧梅納德‧凱因斯（一八八三——一九四六），是比傻理論的提出者。凱因斯是一個學術研究的狂人，為了能夠在經濟自由的前提下潛心學術，他在一九一九年八月進入外匯市場。起初，他賺賺賠賠，起起落落；但他經濟學家的頭銜也不是浪得虛名。很快，他就發現了比傻理論，於是在經營外匯、期貨到股票的十幾年裡，他賺進了一生享用不完的巨額財富。

凱因斯認為，在從事帶有投機性質的決策時，要將更多的研判放在參與賽局的「傻了」身上。他說：「成功的投資者不願將精力用於估計內在價值，而寧願分析投資大眾將來如何作為，分析他們在樂觀時期，如何將自己的希望建成空中樓閣。成功的投資者會估計出，什麼樣的投資形勢最容易被大眾建成空中樓閣，然後在大眾之前先行買入股票，從而占得市場先機。」

他舉了一個例子：從一百張照片中選擇你認為最漂亮的臉蛋，選中有獎；當然，最終是由最高票數來決定哪張臉蛋最漂亮。而這應該怎樣投票？

正確的做法，不是選你認為漂亮的那張臉蛋，而是猜多數人會選誰就投她一票；也就是說，投機行為應建立在對大眾心理的猜測之上。美國普林斯頓經濟學教授馬爾基爾，把凱因斯這一觀點歸納為比傻理論。

毋庸置疑，期貨和證券都帶有一定的投機成分。比如說花錢買某支股票，鮮有人會希冀成為股東享受分紅，而是預期有人會花更高的價錢從把它買走。在這個世界，每分鐘都會誕生無數個傻瓜——他之所以出現，就是要以高於你投資支付的價格購買你手上的投資品。只要可能有其他人願意支付更高的價格，再高的價格也不算高。發生這樣的情況，別無他因，正是大眾心理在起作用。

在二〇〇六年貴州蘭花博覽會上，一株叫「天逸荷」的蘭花，成交價高達一千一百萬元。蘭花之風首先起於日韓，而後中國幾個實力雄厚的炒作者也開始聯手，三萬一苗購買某種珍稀品種，五萬賣給合夥莊家，再以十萬賣給另外的莊家。看著這番推拉，其他人就坐不住了，逐漸捲入這場擊鼓傳花的遊戲中。

沒有人肯相信自己是最後的傻瓜，但無論如何，總有一個最後的傻瓜。隨著蘭花「泡沫」越吹越大，以及金融危機的影響，從二〇〇八年開始，蘭花價格開始大跌，一盆上千萬元的蘭花跌到幾萬元都沒有人要。

有個叫陳少敏的養蘭世家，從事蘭花生意二十多年，一度賺了不少錢。一九九九年，他眼看一種叫「奇異水晶」的蘭花，三年內從一千元漲到七百多萬元，終於忍不住湊錢買

了一株。當時，全中國的奇異水晶總數還不到一百苗，陳少敏這盆奇異水晶成了蘭友們追捧的對象，幾天時間就漲到了一千四百萬元。面對快速變化的價格，陳少敏捨不得賣，他想等一個更高的價錢再賣出去。幾天之後的九月二十一號，臺灣花蓮發生了芮氏七點三級的大地震，曾經火熱的臺灣蘭市瞬間崩潰了。陳少敏手裡七百多萬的奇異水晶，從五十萬、三十萬、二十萬、幾萬，最後降到幾千元。七百多萬就在一個月裡灰飛煙滅，陳少敏成了最後那個大傻子。

是不是當過一次大傻子之後，陳少敏會謹慎很多呢？當然。因此，在二〇〇五年，一種叫「蓋世牡丹」的蘭花出現時，陳少敏一直沒有跟風。不到兩年時間，一株蓋世牡丹從七百元飆升到一百五十萬元。陳少敏忍不住再次出手，買了七株，花了一千〇五十萬；但陳少敏買來的蓋世牡丹還沒賣掉，二〇〇八年的國際金融危機終止了這場擊鼓傳花，陳少敏再次成為最後買單的大傻瓜。

和蘭化相似的還有普洱茶、紅木家具、玉石、藏獒等。有些已經有人買單，一個誘人的口袋正敞開，在等待最後的傻子。人的內心總是貪婪的，也總是認為自己足夠聰明——或許，這就是比傻遊戲經久不衰的理由吧。就連因為蘋果砸在頭上發現萬有引力定律的牛頓，也難以倖免：有人註冊了一家空殼公司，從來沒有人見過這家公司的模樣，但認購時近千名投資者爭先恐後，把大門都擠倒了。沒有多少人相信真的能獲利豐厚，而是預期更大的笨蛋會出現，價格就會上漲，自己就能賺錢——牛頓也參與了這場投機，並且不幸成

了最大的笨蛋。他因此感嘆：「我能計算出天體運行，但對人們的瘋狂實在難以估計。」

當我沒有入市的時候，發現連傻瓜都在賺錢；當我自信滿滿地入市後，發現自己成了比傻瓜還要傻的傻瓜——這個網上的小段子，當即成為每位投機者的座右銘。當你掏出真金白銀去投資時，不妨冷靜想一下：這是比傻遊戲嗎？如果是，那你就按比傻遊戲的規則快進快出。別像例子裡的陳少敏，七百萬的蘭花才幾天就漲到一千四百萬還不賣，暴漲時沒把握機會，以致一千○五十萬的蘭花暴跌時也沒有機會拋出止損，其結局就像段子裡說的那樣：炒股變股東，炒房變房東。

只買最貴的：炫耀性消費

看過馮小剛導演的電影《大腕》的人，應該對裡面一段經典台詞記憶猶新，其諷刺的就是某些人的炫耀性消費：

「一定得選最好的黃金地帶，雇法國設計師，建就得建最高檔次的公寓，電梯直接入戶，戶型最少也得四千平方公尺。什麼寬頻呀，光纖呀，衛星呀，能給它接的全給它接上。

樓上有花園，樓裡有游泳池，樓裡站著一英國管家，戴一頂假髮，特別紳士的那種。業主一進門不管有事沒事，都得跟人家說：『May I help you, sir?』一口道地的英國倫敦腔，特別有面子！

社區裡再建一所貴族學校，教材用哈佛，一年光學費就得幾萬美金。

再建一所美國診所，二十四小時候診。就是一個字：貴！看感冒就得花個八千、一萬塊。

周圍鄰居不是開 BMW 就是開賓士，你要是開一台日本車，都不好意思跟人家打招呼……

什麼叫成功人士，你知道嗎？成功人士就是買什麼東西，都買最貴的，不買最好的！」

藝術來源於生活，但高於生活。當年馮小剛的電影可謂極盡誇張，以塑造鮮明形象；孰料今日人們的炫耀性消費，比電影情節有過之而無不及。暴發戶幾千萬嫁女之類的新聞不絕於耳。

一個多世紀前，韋伯倫寫了《有閒階級論》，而類似於上面的消費，被制度經濟學派的開山鼻祖韋伯倫稱為炫耀性消費。在韋伯倫的書裡，商品被分為兩大類：非炫耀性商品和炫耀性商品。其中，非炫耀性商品只能給消費者帶來物質效用，炫耀性商品則給消費者帶來虛榮效用。所謂虛榮效用，是指透過消費某種特殊的商品，而受到他人尊敬所帶來的滿足感。他認為：富裕的人常常消費一些炫耀性商品，來顯示其擁有較多的財富或者較高的社會地位。

後來，這種現象在經濟學上被稱為「韋伯倫效應」，這種炫耀性消費的商品也被稱為「韋伯倫商品」。後來的經濟學家還畫出了一條向上傾斜的需求曲線——價格越高，需求量越大。經濟學家們發現：韋伯倫商品包含兩種效用，一種是實際使用效用，另一種是炫耀性消費效用。炫耀性消費效用由價格決定，價格越高，炫耀性消費效用越高，韋伯倫商品在市場上也就越受歡迎。

韋伯倫認為：有閒階級在炫耀性消費的同時，他們的消費觀點也影響著其他一些相對貧困的人，導致後者的消費方式也在一定程度上包含了炫耀性的成分。此言不虛，看看當

今的新聞：今天你割左腎買 Apple 手機，明天我賣右腎換遊戲裝備。而那些捨不得割腎的，也可以花五元一個月租個軟體，在使用社群軟體時，讓自己的手機顯示為「iphone」。圖什麼？有面子，可以炫耀。

一個朋友要換車，理由不是現在的車不好，而是周圍的朋友都換好車了，不換台好點的車會讓自己沒面子。很多時候我們買一樣東西，看中的並不完全是它的使用價值，而是希望透過這樣東西顯示自己的財富、地位或者其他，所以，有些東西往往越貴越有人追捧，比如一輛高檔轎車、一部昂貴的手機、一棟超人的房子、一場高爾夫球、一頓天價年夜飯……

按照韋伯倫商品的定律，如果價格下跌，炫耀性消費的效用就降低了，這種物品的需求量就會減少。對於一位韋伯倫商品的崇拜者，一件時裝的設計與品質再好，若標價一千元，他也許根本不會瞧一眼，因為這個商品裡只剩下實際使用效用，不再有炫耀性消費效用。

在日常生活中，很多人都會有意無意地掉入炫耀性消費的陷阱。奢侈品帶來的奢華形象，會成為一個巨大的「符號載體」，在某種程度上，這種符號象徵著人們的身分或社會經濟地位。生活本來已不易，何必再給自己套上「炫耀」的枷鎖負重而行？放下虛榮，得到的是自在。

第三章
婚戀也有經濟學

　　經濟學是一種純理性的分析方法，而愛情與婚姻相對來說偏於感性；人們一說經濟就世俗汙濁，一談愛情就高尚純潔，這兩者似乎格格不入。但在美國經濟學家貝克眼裡，愛情是一種具有互補效用的非耐久財，是實現人們幸福感的眾多商品之一；婚姻是對耐久財的購買，跟一般商品交易不同的是，它付出的不是貨幣，而是他（她）們自己；家庭則是經營一家股份公司，其主要成員本著有錢出錢、有力出力的原則，共同經營，其理想境界應是：分配合理，利益均沾。而如果任何一方感到其邊際投入與邊際收益不相稱時，便會撤資解散、分道揚鑣，婚姻危機隨之而來。

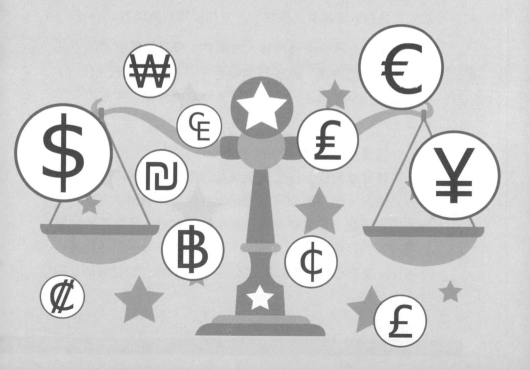

婚姻男女：合夥人

合夥人，是指投資組成合夥企業，參與合夥經營的組織和個人，是合夥企業的主體，要瞭解合夥企業首先要瞭解合夥人。合夥人在法學中是一個比較普通的概念，通常是指以其資產進行合夥投資，參與合夥經營，依協議享受權利，承擔義務，並對企業債務承擔無限（或有限）責任的自然人或法人，合夥人應具有民事權利能力和民事行為能力。

看完以上關於公司合夥人的講述，是不是覺得婚姻也是一場兩個人的合夥？將各自的資產合二為一，依照《民法》享受權利，承擔義務，並對家庭債務承擔無限（或有限）的責任。其中：

身體是固定資產。身體是革命的本錢，也是婚姻的本錢，身體健康的程度直接決定資產的價值。這個本錢有部分是先天決定，也有部分是後天可以改變。無論婚前婚後，身體的固定資產一定要盡量保值、增值；當然，因為年齡的原因而導致的貶值，非人力所為，也是無可厚非。而既然是合作夥伴，雙方在投資前必須捫心自問：「我拿什麼投資給我的愛人？」

　　財富是出資數額，你和別人合夥做生意，是不是對方出錢越多（股份總是對半開），你越願意？同理，富家公子與富家女相對更有市場，這也是人之常情；若沒有富爸爸，那麼，就只有盡量讓自己成為富爸爸。

　　年齡是累計折舊，花開堪折直須折，莫待無花空折枝！熟女沒那麼受歡迎了，至於「大叔控」們，「控」的恐怕不是年齡，而是大叔的其他資產。

　　外貌是無形資產，無論你多麼貶損「外貌協會」，心裡其實也喜歡美女（或帥哥）。愛美之心人皆有之，想想為什麼那麼多的王子願意和灰姑娘合夥，就知道外貌的價值幾何。

　　配偶是應付帳款，無論男女，婚姻生活中都需要為對方付出有形或無形的帳款。丈夫給妻子買衣服、首飾等，妻子則成為免費的廚師、保姆……當然，角色互換也行。但本著一條：夫妻之間是彼此為對方付帳，否則就很可能出現矛盾。

　　吵架是營業損失，中國自古有一句俗語：「日吵三日生，夜吵三日離」。所謂生，就是生分、生疏的意思；所謂離，自然是分離了。這是古人留下的經驗談，值得我們借鑑、思考，吸取教訓；當然，完全不吵架的夫妻極為罕見，況且適度的吵架，也能將一些隱患及時消除，免得積少成多。開公司做生意，哪能天天賺錢，虧一點本，長一點智，不見得是壞事。怕就怕：天天虧本，或者虧本了卻沒有反思，下次繼續虧……長此以往，公司資不抵債，只能倒閉。

　　反思是內部盤點，所謂盤點，是指定期或臨時清算庫存商品的實際數量，即掌握貨物的流動情況，從而做出相應的

對策。婚姻男女也有必要經常盤點一下自己的婚姻：目前有哪些問題？哪些地方做得不足？對方哪裡需要改進？經常盤點、反省以上問題，就能消除婚姻中不和諧的音符。

出軌是資產流失，說好了兩個人合夥做生意，對方卻偷偷地拿身體與外貌、情感乃至現金與別人合夥，造成有形資產與無形資產流失。這是重大違約，如果因此而造成婚姻破產，對方要負起主要責任，並付出相應的代價。

離婚是破產清算，分割財產（債務），解除合夥關係。公司成立之日起即有破產風險，而遭遇以下情況的公司可能破產：一是公司發生財政困難，所謂「夫妻本是同林鳥，大難來時各自飛」；二是公司成立後卻不經營，如無夫妻生活，或長期兩地分居；三是重大資產流失，如出軌。

根據古有的風俗與傳統，在婚姻合夥中，男方的投資一般表現為有形資產，如現金、房產、車輛等強勢貨幣；女方投資一般以無形資產為主，如美貌、智慧、品德等。貞操在古代曾是女子非常重要的資產，如今時過境遷，已不會過於看重。

東食西宿：機會成本

　　媒人為美少女黛絲相過幾次親，她問：「你是選擇西街安德魯紳士的公子呢，還是選擇東街強生家的兒子？」

　　黛絲猶豫良久，扭扭捏捏沒有作答。黛絲的母親以為女兒害羞，就把她拉到一邊，悄悄地告訴她：「你要是喜歡西街的，就伸出左手，要是喜歡東街的，就伸出右手」。

　　黛絲想了想，伸出了雙手。

　　母親很納悶，問：「什麼意思？」

　　黛絲怯生生地問：「可不可以白天去安德魯家，晚上去約翰遜家？」

　　原來，安德魯家的公子是典型的富二代，但富得只有錢；強生的兒子家裡貧窮，但是長相與人品不錯。

　　如果你是女孩，你會如何解答這道攸關終身大事的選擇題呢？

　　——很難，對吧？

　　既捨不得放棄才貌，也捨不得放棄財富，當兩者不可兼

得時，心便如一團麻紗，糾結萬分。其實，選擇之難，歸根究底難在捨不得放棄。經濟學中，將人選擇後，所喪失的其他機會裡可能獲得的最大利益，稱為機會成本，注意：是「可能獲得的最大利益」。 機會成本是經濟學原理中一個重要的概念，作任何決策，都必須作出選擇，而被捨棄掉的選項中最高價值者，即是這次決策的機會成本。

機會成本在國民經濟以及商業行為中，是一個非常重要的決策考量：新投資項目的可行性研究、新產品開發，都存在機會成本問題，它為正確合理的選擇提供了邏輯嚴謹、論據有力的答案。在進行選擇時，力求機會成本小一些，是經濟活動行為方式最重要的準則之一。

在我們的生活中，機會成本更是比比皆是，比如工作的選擇、婚姻的選擇，甚至具體到才貌與財富的糾結。要理出頭緒其實並不難：首先要確立自己的「婚姻價值觀」：對於婚姻來說，你覺得哪些元素很重要？然後將這幾個元素按照重要程度由高至低排列。你覺得財富最重要，人品第二，長相第三，從機會成本的角度考慮，你應該首選財富。

你可以完全按照自己的意志自由選擇；但是，在做出選擇的同時，也要有「捨得」的準備。不能選擇了王財主家的少爺之後，又天天埋怨王少爺長得寒磣、舉止粗俗；若是選擇了張佃戶家的鐵牛，你就不要成天哀嘆貧賤夫妻百事哀。當然，人是具有一定的可塑性，舉止粗俗的也許可以變得優雅，貧窮的人也許能透過努力致富——但都只是「也許」與「可能」，而不是絕對。

很多婚姻之所以不幸，就在於太貪婪。婚前，也許是因為愛情或財富而結婚；婚後，卻要了愛情，還要財富，還要帥氣（美麗）。你當初選擇他（她），最主要是因為對方能給你最想要的，就應當做好損失機會成本的心理準備。就像范瑋琪在她的大婚之曲〈最重要的決定〉裡唱的「可是人生完美的事太少，我們不能什麼都想要……」在婚姻生活中，我們要懂得節制自己的欲望。

在網上看到一張「圖解鑽石王老五」示意圖（原作者不詳），用非常直觀而殘忍的方式，分解了所謂「鑽石王老五」：又帥又有才的，窮；又帥又有錢的，騙你的色；有才又有錢的，老了；而既帥又有才兼有錢的，對不起，是同性戀。分解得雖然有些粗暴、絕對，但細想起來也有幾分道理。

「鑽石王老五」絕不完美，美麗的「公主」也不會處處讓你滿意。你可以看中她的美貌而娶她，只是娶了她之後，不要指望她下廚做飯——她可是不食人間煙火的公主。而如果她抱怨家裡的設施不夠高檔，也不要有怨言，因為你娶的是「豌豆公主」，即使隔著二十床羽絨被，也會因為壓著一顆豌豆睡不著。這是理性經濟人的眼光，遺憾的是，人難免感性、難免貪婪，而這正是人類痛苦的來源之一。

美女的苦惱：資產貶值

所謂資產貶值，是指現有資產價值扣除購入時的價格，所損失之價值；與之對應的一個詞叫資本增值，是指現有資產價值減除購入時的價格，所賺取之價值。

經濟學家總是試圖用經濟的眼光剖析天下事物，那麼對於美女這個稀有資源，又該作出什麼樣的解釋？

我們還是從一則流傳於網路的故事談起：一位漂亮的美國女孩，在一大型論壇的金融版上發了一個求助貼文，貼文的主題為：〈我怎樣才能嫁有錢人〉。以下是她貼文的中文翻譯——

我以下說的都是心裡話：本人二十五歲，非常漂亮，是那種讓人驚豔的漂亮，談吐文雅，有品味，想嫁給年薪五十萬美元的人。你也許會說我貪心，但在紐約，年薪一百萬美元才算是中產階級，我的要求其實不高。這個版上有沒有年薪超過五十萬的人？你們都結婚了嗎？

我想請教各位一個問題——怎樣才能嫁給你們這樣的有錢人？我約會過的人中，最有錢的年薪二十五萬，這似乎是

我的上限。要住進紐約中央公園以東的高級住宅區，年薪二十五萬遠遠不夠，我是來誠心誠意請教的！

有幾個具體的問題：一、有錢的單身漢一般都在哪裡消磨時光？（請列出酒吧、飯店、健身房的名字和詳細地址。）二、我應該把目鎖定在哪個年齡階層？三、為什麼有些富豪的妻子相貌平平？我見過有些女孩，長相如同白開水，毫無吸引人的地方，但她們卻能嫁入豪門，而單身酒吧裡那些迷死人的美女卻運氣不佳。四、你們怎麼決定誰能做妻子，誰只能做女朋友？（我現在的目標是結婚。）

貼文的署名是波爾斯女士，下面是一個華爾街金融家的回覆：

親愛的波爾斯：

我懷著極大的興趣看完了文章，相信不少女士也與妳有類似的疑問。讓我以一個投資專家的身分，分析妳的處境——我年薪超過五十萬美元，符合妳的擇偶標準，所以請相信我並不是在浪費大家時間。

從生意人的角度來看，跟妳結婚是個糟糕的經營決策。道理再明白不過，請聽我解釋：拋開細枝末節，我所說的其實是一筆簡單的「財」、「貌」交易：甲方提供迷人的外表，乙方出錢，公平交易，童叟無欺。

但是，這裡有個致命的問題：妳的美貌會消逝，但我的錢卻不會無緣無故減少；事實上，我的收入很可能會逐年遞增，而妳不可能一年比一年漂亮。

因此，從經濟學的角度講，我是資產增值，你是

資產貶值，不但貶值，而且是加速貶值！你現在二十五歲，在未來五年裡，妳仍可以保持窈窕的身段，俏麗的容貌，雖然每年略有退步；但美貌消逝的速度會越來越快，如果它是你僅有的資產，十年以後妳的價值堪憂。

用華爾街的術語說，每一筆交易都有一個「部位」，跟妳交往屬於「部位交易」（trading position），一旦價值下跌就要立即拋售，而不宜長期持有——也就是妳想要的婚姻。聽起來很殘忍，但對一件會加速貶值的物資，明智的選擇是租賃，而不是購入。年薪能超過五十萬的人，當然都不是傻瓜，因此我們只會跟妳交往，但不會跟妳結婚。所以我勸妳不要苦苦尋找嫁給有錢人的祕方。順便說一句：妳倒可以想辦法把自己變成年薪五十萬的人，這比碰到一個有錢的傻瓜勝算要大。

希望我的回覆能對妳有幫助。如果妳對「租賃」感興趣，請跟我聯繫。

這則不足千字的回覆，如一盆冷水澆在漂亮的波爾斯發熱的大腦上，但願包括她在內的所有讀者都能有所收獲。青春、美貌，無疑是女人一項令人羨慕的資本，但這項資本會「資產貶值」。亦舒有句話，大概是這樣的意思：女孩子一生中，總會有那麼幾年，妳想要什麼，男人就會給妳什麼。甚至妳不曾想到的，他也體貼地幫妳早早安排好；可是，過了那幾年，誰還理妳？

資產貶值還是增值，是進行資產評估時需要考慮的重要因素之一，而美貌注定是資產貶值；因此，無論結婚與否，都需要讓美貌之外的其他資本增值。

算算婚戀的經濟帳：成本收益分析

　　在經濟活動中，成本收益分析必不可少。所謂成本收益分析，是指以貨幣單位為基礎，對投入與產出進行估算和衡量的方法，是一種預先作出的計劃方案。在經濟學中，作出任何決策都必須考慮成本與收益，經濟學家講求實際，做任何事情，不是為了展現什麼精神，而是要獲得某種利益，這種利益可以是個人的、群體的，也可以是整個社會的；而要獲得利益，就必須計算成本收益。

　　無論是戀愛，還是結婚，都是要支付成本的。直接成本是尋找目標過程中耗費的時間、金錢、財物。就算是網戀，網路流量、電費、時間成本，也必不可少；如果要與對方見面，成本就更大了，或許要化妝修飾一番，或許要為吃飯、喝茶買單；要是想增加勝算，為對方買個小小的禮物，也頗費思量與費用。這些都只是直接的成本，而間接成本就更多：為了追求對方，必然要放棄追逐另一個目標，也就是機會成本。

　　總之，尋找對象、談戀愛、結婚，都是一個成本的耗費過程。而為了降低交易成本，網路上出現了婚姻介紹所，出

現了各種聯誼。但正如做生意，成本與收益基本上成正比，那些支付成本少的，收益就難以保證有多大。因此，那些不願意支付足夠時間成本的閃戀、閃婚，經常會在收益上大打折扣。

絕大多數人之所以選擇結婚，其目的在於婚姻受益良多，帶來的收益十分明顯，大體上可以歸納為幾個方面：一是獲得性的滿足和情感的寄託。康德認為，婚姻的意義在於「合法使用對方的性器官」，而研究表明，性快感是僅次於毒品提供的生理快感。婚姻讓人擁有長期而穩定的性伴侶，使性生活安全化；二是透過男女互補，促進資源的充分利用，獲取規模經濟效益，比如一個在外工作，一個在家做家務實現互補，透過共同生活實現住房的充分利用等；三是起到防災保險的作用，比如一方生病了，有人照顧，並且在因生病而導致的失業狀態下，有人支付醫藥費用。印度農村流行女兒遠嫁，明顯具有分散農業歉收風險的功效，兩親家不在一個農業區，同時受災的可能性較小，若一方遭災另一方就有能力接濟；四是可以分享家庭商品增值。婚姻作為耐久財，具有逐漸增值的特點，在規模效應的推動下，婚姻的某些獨特效用會逐步顯現，比如情感的寄託、家庭的福利、孩子帶來的樂趣等。

一般來說，在成本收益分析中，那些可支配的時間、金錢較多的人，婚戀的機會也較高。這個判斷放在男性身上正確，有錢、有閒的男人更容易獲得女士們的青睞。可現在似乎出現一個問題：那就是剩女問題。我們常常看到那些女

博士、高級白領及一些事業有成的女士找不到對象,原因何在?

　　用成本收益分析:原因在於高收入女性進入婚戀的成本太大。現代社會,一個優秀的高收入女性有很好的工作機會,經濟獨立,如果結婚就要放棄太多東西,也就是說所支付的成本太大,那些進入婚姻的高收入女性,之所以離婚率高,其原因也是成本支付過高而收益太小。傳統的男主外、女主內的習俗,造就了婚姻的支付成本有所差異。男人結婚後在外打拚、頻繁出差,是顧家的表現,女人則需要花更多時間在家裡,才叫顧家。男人當爸爸不需要辭職,女人當媽媽卻要暫時中斷職業生涯……這些差異造成了婚姻成本的不同。

　　經常聽到身邊的女孩子這麼說——

　　再找不到工作,我也去徵婚,把自己嫁了算了!

　　工作不好,薪水又低,不如趕快找個人結婚算了!

　　個人奮鬥太難了,痛苦死了,這麼不順,不如結婚好了!

　　爸媽整天嘮叨,好朋友也結婚了,我也結婚好了!

　　……

　　很多女人以為,結婚是萬能的:工作不如意,結婚就行了;經濟環境差,結婚就行了;生活無聊,結婚就行了;三十歲快到了,結婚就行了……別以為結婚是收益,也意味著支付成本。婚姻是一種持續性消費,不但要考慮生產成

本，還要考慮使用成本。如果説安全感和習慣成了這樁婚姻的收益，那麼需要支付的就是責任和遷就。

而當要結束一段感情或婚姻時，很多人就會因為捨不得成本而不願意放手。離婚的成本主要包括四個方面：一是婚姻期間的投入成本，主要是雙方在實現婚約中的交易成本，婚姻持續時間越長，成本越大；二是道德成本，即因離婚導致的外界輿論；三是離婚對家庭、對自己心靈傷害的成本，以及對下一次婚姻的負面影響；四是解除婚約的交易成本，如訴訟的費用、財產分割、耽誤的時間和精力等。如果離婚成本太大，人們往往會選擇維持下去。另外，值得指出的是：在這四個成本中，婚姻期間的投入成本屬於沉沒成本，理性的決策者是不應該考慮的（可參考第二章第二節裡關於「沉沒成本」的講解與分析）。

計算愛情與婚姻的成本與收益，聽來未免太功利現實；但是，對於那些被愛情沖昏頭，或以為結婚能解決一切問題的人來説，給他們澆上一盆理性的冷水又何嘗不可？

為什麼流行試婚：資訊不對稱

　　現在，商家的推銷方式越來越人性化，其中「免費試用」，是一個頗為有效的推銷方式。但凡新商品，如飲料、保健食品、小吃之類的，都能以「免費試用」讓更多消費者先親身體驗後，再決定是否購買，好不好，試了就知道！對消費者來說，「免費試用」無疑比「不好就退貨」更有利。

　　而當今，免費試用已經從純粹的商品，延伸到男女的婚姻裡：男女未婚同居的試婚行為，也類似於商家的「免費試用」。而相對結婚來說，未婚同居在成本上的支出少了很多；而「試用」，則是一種雙向的「互試」。這種方式的好處在於：男女雙方不必承擔夫妻責任，卻可以享有夫妻之權利。

　　無論是商家的免費試用，還是男女之間的試婚，在經濟學家眼裡，都是人類在努力打破「資訊不對稱」的迷霧。資訊不對稱，是指交易中各人擁有的訊息不同，會造成市場交易雙方的利益失衡，影響社會公平、公正的原則，以及市場配置資源的效率。

　　在古代的婚姻，直到掀起紅蓋頭，丈夫才曉得女方的模

樣，妻子才曉得男方的五官；至於雙方脾氣、性格、志趣，更是需要在婚姻生活中才能知曉。這種資訊不對稱，導致了無數婚姻悲劇，男女授受不親，互相瞭解的可能性很小，那麼只就只能過媒妁之言；可是媒妁也不是可靠的資訊傳遞著，經常壟斷資訊，然後花言巧語，指鹿為馬。

從前，有個兔脣的姑娘待嫁，有個缺鼻的青年待娶，即使各自身體有缺陷，找對象上還想挑沒有殘疾的。有個巧嘴媒婆撮合他們，先對男方說：「姑娘沒別的毛病，就是嘴巴不太好。」小伙子想：嘴巴不好，無非是好扯扯閒話，這可以改，算不得什麼大毛病，於是同意了。

媒婆又對女方說：「小伙什麼都好，就是眼下沒什麼。」姑娘家產豐豐，覺得暫時窮點沒什麼，將來可以勤勞致富，何況娘家嫁妝豐厚，也就應下了，直到洞房花燭夜，才真相大白。

雙方都埋怨媒婆。媒婆說：「我早已有言在先，講明了姑娘『嘴巴不太好』，小伙『眼下沒有什麼』，你們自己同意，現在反倒怪起我來了，這是什麼道理？」

歷史的車輪滾滾向前，現在已是自由戀愛的時代，資訊相對充足了很多；但處於愛情中的男女，往往會有意無意放大自己的優點、隱藏自己的缺點，結果雙方依舊處於資訊不對稱中。許多青年在借鑑前輩的婚姻悲劇後，開始嘗試試婚，想要徹底打破資訊不對稱。

從理論上說，試婚可以讓雙方更透徹瞭解彼此，有助於避免婚前盲目引發的錯誤婚姻，降低離婚率，體現了社會進

步與人性的和諧；但要達到理論上的結果，試婚必須建立在男女雙方有感情基礎之上，有步入婚姻殿堂之意。就像網路上所說的：不以婚姻為目的的戀愛都是耍流氓，那麼不以婚姻為目的的試婚則是大流氓了。

對於試婚，也有不少人堅決反對。美國心理學家約瑟夫·羅溫斯基曾解釋：「試婚常被美化為異常大膽、浪漫的舉動，但實際上不過是逃避責任的托詞。如果兩人捨棄結婚而選擇同居，那麼其中一人或者兩人都會在心裡說，我擔心對你的愛不夠深，難以長久，所以在事情不妙的時候，我該有個能抽身的退路。」一項研究發現：婚前同居者的離婚率要比未同居者高出百分之三十三。另一項研究表明：婚前同居時間越長的夫婦，就越容易有離婚的念頭；而且，研究者指出，同居者婚後生活不會很美滿，而且對婚姻沒有什麼責任感。

獲得了更多訊息，但傳遞了負面心理，當經濟學遇上心理學，矛盾就出來了。其實這也是人生常態：有得必有失。而對於試婚這件新事物，我們既不要奉之為解決婚姻難題的錦囊，也不要棄之為引發道德淪喪的敝屣。反對者不妨冷靜觀之，擁護者不妨理智試之。

小三為什麼盛行：利益最大化

當今社會小三盛行，而有關小三引起的鬧劇、悲劇屢見不鮮。以至於新時代女性的標準，不但要「上得了廳堂，下得了廚房，寫得了程式，查得出異常，開得起好車，買得起新房」，還要「鬥得過小三，打得過流氓」。

按說，找第三者以及成為第三者，始終都是被社會唾棄的對象，可是小三之風卻沒有因此而消滅，反而愈演愈烈。在對小三問題進行思考的時候，除了考慮到雙方的道德、婚姻的品質外，還有經濟學家表明，小三之風如此盛行，源於小三符合雙方的「利益最大化」。

所謂利益最大化，就是指用最少的投入得到最大的收益，可以這麼說：追逐「利益最大化」是每個理性經濟人必然的選擇。不能說每個人，起碼大部分的人都是這樣經營生活，包括金錢、事業、情感等，涉及我們生存的每個方面。

先從「買方市場」說起：以經濟角度來看，法律上廢除一夫多妻制，等於減少了富人合法性消費的管道；當然，他們也可以用不合法的手段，購買婚外性消費（如嫖娼、

婚外情），但面臨著諸多的交易風險，尤其在一九五〇到一九八〇這段特殊年代，「風氣問題」所承擔的成本非常大。

隨著法治建設的推進，人們的自由度越來越大，個人收入差距也逐漸拉大。毫無疑問，「消費」小三這個「商品」的人屬於高收入群體，屬於先富起來的一部分人，這是很明顯的事。高收入才擁有購買力，沒有財力後盾的需求，不是現實需求。養小三剛開始是一些到中國投資經商的港澳臺商人，大陸人當時還缺乏經濟條件；而近年來，養小三主體呈現多元化趨勢，除了港澳臺商人外，大陸的承包商、廠長、經理也加入這一行列。富人們的其他需求得以滿足後，根據邊際報酬遞減的經濟規律，促使一部分人轉向婚外性消費。

可為什麼富人偏向找小三，而非嫖妓呢？

從收費結構來看，小三的收費結構接近會員制，繳納會費後，每次服務的收費較低，較接近於邊際定價，傾向於鼓勵多次使用；娼妓的收費結構是按次收費，服務是競爭定價，定價中含有因違法風險而附加的費用。此外，小三與娼妓提供不同類別、不同品質的消費服務，小三可以建立長期關係，可以有一定的感情；娼妓的服務更標準化，更像純粹的買賣，雙方通常盡力迴避感情的投入。再者，風險上也有很大差異。第一，消費娼妓違法，而養小三尚不至於被警察拘留、罰款；第二，相對來說，消費娼妓染性病的機率大於養小三。

——從以上分析來看，富人們傾向於養小三也就不難理解。

而對小三來說，沒有人天生願意做第三者，選擇做小三無非因為利益上可以獲得更高的報酬。這裡的「利益」更多指「物質利益」，總有人在金錢誘惑下向道德倫理投降；當然，不排除有些懷揣著「真愛」的小三，但這部分絕對屬於稀有的小眾。

　　根據調查，大多數小三文化程度偏低，很多來自農村的貧困家庭。根據沿海的調查，小三以文化程度較低的年輕外來人口為主，初中文化占百分之五十七點八；三十五歲以下的占百分之九十四點六；有些小三甚至與丈夫年齡相差四十歲。百分之七十四點五的被訪者認為，做小三是為了離開窮山區、留在大城市；有百分之四十二的小三，甚至表示願意永遠處於沒名分的地位。可以想像，這些女性很難擁有一份高薪收入，縱然天姿國色，也很難在城市裡嫁一個鑽石王老五。因此，成為富人的小三也就成了一個「無奈」的選擇。

　　然而不要忘了：無論是找小三還是做小三，都會為自己埋下極大的隱患。我們常常能從新聞裡看到小三哭訴負心漢的文字、照片乃至影片，將不少有錢的富人、有權的官人拉下馬。而對於那些做小三的，如同電影《北京遇上西雅圖》裡老鐘的妻子痛罵文佳佳：「要不是妳們這些花錢的妖精，老鐘能進去嗎？」做靠山的男人隨時可能會倒，更何況還有無數小四、小五在一旁虎視眈眈。

　　《北京遇上西雅圖》的文佳佳，後來幡然醒悟，與無業大叔 Frank 走到一起；而老鐘，也有幸走出牢籠。這無疑是溫暖向上的結局，願這個故事能帶給所有人更深的思索與啟迪。

期望不要太高：幸福 = 效用 / 期望值

曾獲得諾貝爾經濟學獎的美國經濟學家薩繆森，曾提出一個幸福的經濟學公式：幸福 = 效用 / 期望值。在效用大致差不多的前提下，你的期望值越高，幸福感會越小。比方說你在新的部門月薪六千元，而你進去前的期望月薪是五千元，那麼你的幸福感就是一點二；而假設你當初的期望月薪為八千元，那麼你的幸福感為〇點七五。

就婚戀來說，也是期望小一點，幸福多一些。無論是歷經愛情長跑的婚姻，還是閃婚，在新人走上紅地毯時，眼角眉梢無不洋溢著對未來的美好憧憬。我們在祝福新人們的同時，也有必要善意地提醒他們：長久幸福婚姻的祕密，在於不要期望太多。美國的研究人員也說：除非你具備處理婚姻關係的高超技巧，否則你對美滿婚姻的憧憬很可能會破滅，結果常常是「希望越大，失望越大」；他們還警告未婚與新婚配偶，最好降低對婚姻的期望，這樣可以保證你不失望。

來自美國俄亥俄州和佛羅里達州大學的研究人員，用了四年的時間，對八十二對夫妻進行了研究，研究成果發表在《人格和社會心理學》雜誌上。他們發現：那些對婚姻期望太

高，卻又沒有處理婚姻關係技巧的人，一旦白馬王子或白雪公主神聖的光環墜落，他們可能很快就會被迫回到現實中；相反，用平常心看待自己的愛人，就意味著你不太會失望，也就會對婚姻更加滿意。

絕大多數婚姻男女都會有類似的感覺：結婚前他（她）挺好的，結婚後就大變樣了。

三十歲出頭的若蘭在結婚紀念日那天很生氣，她感覺老公在結婚後變化太大了：戀愛時，他總是主動約會，殷勤送花；會牢牢記住自己的生日、各種紀念日和節日，並送上精心挑選的小禮物；要是偶爾鬧點彆扭，不管誰對誰錯，最後總是他道歉；可結婚後，他像變了個人似的，別說其他節日，連結婚紀念日也忘記了。兩人一鬧矛盾，他也不像從前那樣讓著自己……若蘭覺得自己上當了。

若蘭覺得自己受騙，但她的老公卻感覺是自己受騙了：在她老公的印象裡，婚前的若蘭乾淨勤快、溫柔體貼；但婚後呢，家裡經常亂七八糟，說話也沒有從前柔和……總之，他也認為自己受騙了。

俗話說，清官難斷家務事。要清楚地區分若蘭和老公的是非對錯，基本上是不可能的，因為婚姻中，不少事情是沒有對錯的。最普遍的就如同上面的案例——他（她）變了。雖說婚姻是戀愛的延續，但是婚後的生活難免與婚前存在許多差異，當對方從男朋友（女朋友）變成丈夫（妻子），不是只有身分與稱呼的改變，很多地方都有所不同。

首先，就是生活重心有變化：戀愛時，雙方的生活重心

是「娛樂性」的，而婚後的生活重心是「生活性」的。婚後雙方面對的是周而復始、沒完沒了的家務瑣事，很難像婚前那樣花前月下的逛公園、看電影、進餐廳……時間一長，便會覺得興致索然。如果我們把婚姻生活想得很美好，甚至比戀愛還甜蜜，那結婚必然無法滿足我們的期望。

其次，各自形象有所變化：結婚後，許多青年男女認為終身大事已經完成，於是不再像從前那樣注意形象，不再那麼努力展示優點、掩飾缺點；加上結婚後，兩人天天在一起，對方的缺點一覽無遺。夫妻之間在性格、愛好和生活習慣等方面的差異，在朝夕相處的日常生活中也逐漸顯露出來。

再者，自由度發生了變化：婚後，任何方面都得兼顧雙方的需要，我為你付出了多少、你有沒有顧及我……視角不同，得出的答案自然迴異。

有的人把婚後的生活想得太美滿，根本沒想到婚後還會有矛盾，所以在發生衝突後，便對婚姻感到失望。其實這種沮喪的情緒大可不必，也是不應該抱持的想法。

從戀愛走向婚姻，我們必須要知道：生活會越來越現實，而現實中的生活很平淡。我們要學會在平淡中感受愛情，因為愛情並不會因形式而改變，只是戀愛的時候，愛情披著華麗的外衣；結婚後，它脫下了那些裝飾而變得樸實，需要改變的是我們的內心。

婚姻生活是必須適應的一種新的心理狀態，成功的婚姻在於能客觀而積極的改善處境，就像美國現代作家彼得森所

說的：「婚姻的藝術在於：不要期望丈夫是戴著光環的神，妻子是飛翔的天使；不要求對方十全十美，而要培養韌性、耐性、理解和幽默感。」

第四章
職場裡的經濟學

　　人人都會在職場中成長，或者說人人都會在職場中有所收獲；但顯然，有些人的成就大於大部分人。同一個職場，同一條起跑線，有的人功勳卓著，有的人碌碌無為；有的人風生水起，有的人窮途末路。當一部分人功成名就時，另一部分人卻還在原地踏步，毫無起色，唯一能夠期望的或許只有養老金。我們不是在責難平淡的人生，但如果我們可以透過學習、自省、努力等諸方面來成就自己，在職場上把自己打造成叱吒風雲的人物，為什麼不呢？

　　經濟學可以說是職場生存的一個重要法寶，比厚黑學、心計更為實用。經濟學的眼光與思維，能引領你擺脫職涯錯綜複雜的困境，在不斷地探索中，最大限度地體現自己的價值。

劣勢決定優勢：木桶定律

太多的抱怨彌漫在職場：

我每個月的業績都比他高，為什麼升職的是他而不是我？

我熬夜早起地加班，到頭來年終獎金怎麼最低？

……

也許，你說的是真的，但老闆做的未必就是錯的。人們總喜歡拿自己的長處（優點）與他人比較，卻很少拿自己的短處（缺點）與他人比較。在職場中，往往不是發揮一兩種長處就可以一帆風順，多數時更需要複合型的能力，比如：你想在仕途上有一番作為，恐怕不只是通過公務員考試那麼簡單，還需要鍛鍊口才、提高修養等。

有一個眾所周知的「木桶定律」：一木桶盛水的多寡，並不取決於桶壁上最長的木塊，卻取決於桶壁上最短的木塊。這個理論有點殘酷，但卻是事實，有點類似於我們所常見的「一票否決」；我們在職場中也經常在察覺或未察覺中，被「一票否決」了。

盛水的木桶是由許多塊木板箍起，盛水量也是由這些木板共同決定的，若其中一塊木板很短，則此木桶的盛水量就被短板所限制，這塊短板就成了這個木桶盛水量的「限制因素」（或稱「短板效應」）；若要使此木桶盛水量增加，唯一的方法就是加長短板。

回到我們前面提及的那些抱怨：那位業績驚人的仁兄，是不是在團隊合作或領導力上有所欠缺？而那個熬夜早起加班的人，如果沒有靈活的思維，年終獎金最低似乎並不冤屈。

在木桶定律中，劣勢決定優勢。火車要跑得快，不只是動力強勁就夠，輪轂如果只能承受時速三百公里的高速摩擦，這輛車無論其他方面多麼優秀，時速也受到限制。沒有人是全才，每個人都有很多短處，而有些短處根本就不必去理會——比如一個化妝品銷售員，沒必要研究飛機製造原理；然有些短處卻是致命性的，例如化妝品業務員需要豐富的美容護理知識、良好的溝通能力、優雅的舉止，以及足夠的勤快等，只要缺乏任何一種，都很難勝任工作。

因此，「短處」是影響你事業的致命弱點，這其中涵蓋了能力、資源、性格、心態、習慣等很多方面。當你有了一個絕佳的商業創意，卻苦於沒有啟動資金，這時，資金成了你的短處，你要努力下功夫來加長這塊短處。有計劃地儲蓄，有目的地結識一些可能在資金上提供幫助的人，這些行動你都必須去做，而且最好未雨綢繆，不要臨時抱佛腳。

個性上的缺點與壞習慣，也要早改。常聽人這樣說別

人：「這個人哪，什麼都不錯，就是改不了這個壞脾氣」；或者說：「這個人與常人格格不入，不好接觸，太特立獨行！敬而遠之吧！」日久天長，你就成了孤家寡人了。也許你還沒意識到自己的不足；其實，這種性格的形成，已經成為事業上致命的短處了。

當今許多產業，越來越有專業化的傾向，但專業化不等於掌握的知識與技能很狹窄。專業化若是一粒沙，裡面也有著大世界。因此，你要找出專業上的「短處」，才能把事業的「木桶」加高。人非聖賢，人人都可能有「短處」，「短處」並不可怕，怕的是知道了，卻不去正視改變。一個真正聰明睿智的人，應當盡量補齊自己的「短處」；如果實在無法補齊，也要始終保持警惕，遏止發展，千萬不要讓它成為導致自己人生失敗的致命缺點。

羅安子是某文化公司的策劃副總監，擅長於宣傳片、廣告片文案策劃，公司多數優秀的作品都出自他手。早在三年前，策劃總監離職時，羅安子就認為自己應該被扶正，可是老闆居然提拔了另一位同事；一年前，公司總監又出缺，羅安子認為這個位子非自己莫屬，但他又一次失望，這次老闆居然找了一個空降兵。

羅安子一度很絕望，他考慮離職，另找山頭發展；但冷靜下來後，他和朋友仔細分析了自己遲遲未能扶正的原因：他的語言表達能力有限。原來，因為常年枯坐案頭，苦想創意、寫文案的緣故，羅安子的顯得有些沉悶，擅長文字表達，但拙於語言溝通；而作為策劃總監，經常要召開腦力激

溫會議——這需要一定的口才與駕馭能力。

因此，在總監這個位置的角逐上，羅安子多半是因為自己的短處而一再敗北。知道自己的短處之後，羅安子刻意多讀了一些演講與口才的書，在公司會議上盡量多發言——一則能夠鍛鍊自己，二則可以展現自己。漸漸地，他的溝通與控場能力大大的提升。

不久前，總監帶隊去新的據點，羅安子終於被老闆扶正。

現在，你不妨也像羅安子一樣，自我反省一下，列出你現在職業所需要的能力清單，找出你事業的短處。不要隱藏，在太陽下晾一晾自己的短處，用欣賞的眼光學習別人的長處，用苛刻的眼光審視自己的不足，然後努力加長自己的「短處」，就能取得事半功倍的效果。

如果你有未雨綢繆的意識，最好在加長了短處後，還能預計將來的發展，早日將自己可能出現的短處加長。如此，成功的機會將更青睞你。

馬屁股與火箭推進器：路徑依賴

你知道中國常見的火車鐵軌軌距是多少嗎？

——一千四百三十五毫米，也就是四點八五英尺，這是國際標準軌距，大於這個標準，稱之為寬軌，小於這個標準稱之為窄軌。曾經有西方學者較真：為什麼是四點八五英尺，而不是其他的數字？

這個學者在追根溯源後，發現鐵路發展的初期，軌距五花八門，寬可達七英尺（兩千一百三十三點六毫米），窄的只有兩英尺六英寸（七百六十二毫米）。即使現在，全世界也有三十多種不同的軌距，至於為什麼把一千四百三十五毫米定為國際標準軌距，有其歷史原因：一八二五年，世界上第一條鐵路通車，英國的斯托克頓——達靈頓鐵路就是採用四點八五英尺的軌距。一八四六年，英國國會把這個軌距定為標準軌距，非經特准，禁止在新鐵路上採用其他軌距。當時的英國是資本主義強國，因此也把這個標準推行到他們的殖民地與勢力範圍，例如：中國第一條鐵路的修築——唐胥鐵路的工程師，是英國人克勞德·威廉·金達，他就力主用四點八五英尺的軌距，而為了使火車暢通，絕大多數國家都採用

了四點八五英尺的軌距。

關於火車軌距的研究，似乎就這樣告一段落了；但是，這個學者頗有打破砂鍋問到底的精神，他繼續窮追：為什麼英國的斯托克頓——達靈頓鐵路，會選擇四點八五英尺的軌距？

原來，早期的鐵路是由建造電車的人所設計，而四點八五英尺正是電車所用的輪距標準。那麼，電車的標準又是從哪裡來？

最先造電車的人，從前是造馬車的，所以電車的標準是沿用馬車的輪距標準。那馬車又為什麼要用這個輪距標準？

英國馬路轍跡的寬度是四點八五英尺，如果馬車用其他輪距，其輪子很快會因為與英國老路的轍跡不合，而嚴重磨損。但這些轍跡又是從何而來？

轍跡是承自古羅馬人。因為整個歐洲，包括英國的長途老路，都是羅馬人為了軍隊所鋪設，而轍跡正是古羅馬戰車的寬度。再追問一下：古羅馬戰車為什麼是四點八五英尺？

因為古羅馬戰車由兩匹馬拉動，而兩匹並排拉車的馬屁股寬度，就是四點八五英尺。

事實上，馬屁股的寬度，不僅決定了今天絕大多數的火車軌距，甚至還決定了美國太空梭燃料箱旁邊，兩個火箭推進器之間的距離。這些推進器製造完成後，要由火車運送到火箭發射點，運輸途中要經過一些隧道，有的隧道寬度只比鐵軌略微寬一點，所以兩個火箭推進器之間的距離，也設計

成了四點八五英尺。

從古羅馬的兩匹馬，一直到今天的火車與太空梭，看似不相干的事物，居然存在著因果關係！一旦人們做了某種選擇，就好比走上了一條不歸之路，慣性的力量會使這一選擇不斷自我強化，並無法輕易走出。經濟學家將這一現象命名為「路徑依賴」。路徑依賴的另一個經典例子是：現在電腦鍵盤上的字母布局，其實非常不合理，但因為最初設計的打字機就是這個布局（QWERTY），所以就慣性延續下來，反而很多科學、合理、高效、不同布局的全新鍵盤，都在競爭中敗北。

在〈經濟史的結構與變遷〉一文中，美國經濟學家道格拉斯·諾斯，由於用「路徑依賴」成功闡釋了經濟制度的演進，因此於一九九三年獲得諾貝爾經濟學獎。諾斯認為：「路徑依賴」類似於物理學中的慣性，事物一旦進入某一路徑，就可能對這種路徑產生依賴，這是因為經濟生活與物理世界一樣，存在著報酬遞增機制。這種機制使人們一旦選擇某一路徑，就會在往後的發展中不斷自我強化。

「路徑依賴」理論被總結出來後，人們把它廣泛應用在選擇和習慣的方面。在一定程度上，人們的一切選擇都會受到路徑依賴的可怕影響，人們過去做出的選擇決定了他們現在可能的選擇，人們關於習慣的一切理論，都可以用「路徑依賴」解釋。

人在職場，也有「路徑依賴」，職場人士在選擇了某個職業後，就會對這個職業產生習慣性依賴，無論是好是壞，都

會對自己的職涯產生影響。路徑依賴讓職場人在想要重新擇業時，往往面對諸多困難，因為已經習慣某種工作狀態和職業環境；若重新選擇，就會喪失許多既得利益，甚至大傷元氣，從此一蹶不振。路徑依賴給職場人士三個啟示：

啟示一：胸中有地圖，一步一腳印。你想做什麼，想在日後成為什麼？單有目標是不夠的，還需要有清晰的職業規劃。從深圳去北京自駕旅遊，沿著京珠高速公路一路向北，這樣的路徑依賴，無疑是正向的，是我們所需要的。想從小小的職員，變成大老闆，需要做好哪些儲備、經受哪些歷練、克服哪些困難？

啟示二：重視第一份職業。因為「馬屁股決定了太空梭推進器」，所以第一份職業的一定要謹慎選擇，越到後面，要想擺脫已熟悉的職業路徑就越困難，成本越高，風險也越大。建議從自己感興趣、同時也較為符合自己個性、能力的專業學習做起，為自己量身打造一個既具挑戰性，又不失客觀、實際的職涯規劃，並按照規劃一步少走下去，有利於職業發展的良性循環。

啟示三：方向錯誤，趁早下船。南轅北轍，越走越遠，越走越依賴。如果你甘於隨波逐流也就罷了；而如果你不甘心，越早下船成本越小。

地獄裡發現石油啦：羊群效應

羊群效應也叫從眾效應、樂隊花車效應，是指人們經常受到多數人影響，而跟從大眾的思想或行為，用通俗的話來說，就是喜歡跟風。

為什麼叫「羊群」而不是「狼群」，或其他什麼群？這是因為：羊群是一種很散亂的組織，平時總是盲目地左衝右撞，而一旦有一頭羊動起來，其他的羊就會不假思索地一哄而上。若有人在一群羊前面橫放一根木棍，第一隻羊跳了過去，第二隻、第三隻也會跟著跳過去；之後，即便那人把那根棍子偷偷撤走，後面的羊走到這裡，仍然像前面的羊一樣，跳躍而過——儘管攔路的棍子已經不在了。

動物如此，人也不見得更高明。網路上有一個叫「電梯心理實驗」的影片，實驗人員用偷拍，記錄了幾個片段：

片段一：電梯門打開，一個紳士模樣的人（對實驗不知情）面朝電梯門站著。實驗人員男甲和女甲前後進入電梯，背朝電梯門站著。正當紳士感覺到有點奇怪時，實驗人員男乙又進來了，他進來後毫不猶豫地背朝電梯門站著。面對電

梯門方向站著的紳士，摸摸鼻子，摸摸額頭，眼睛滴溜溜地轉了幾下之後，終於作出決定：背朝電梯門站著。

片段二：同樣的方式，三個實驗人員的一致行動，令一個中年白領男也轉過了身子，背朝電梯門站著。

片段三：實驗人員增加到三男一女，這時，這四人不僅可以透過一致行動，讓不知情的男青年一會兒背朝電梯門，一會兒面向電梯側面。更神奇的是，三個男性實驗人員一會兒取下禮帽，一會兒戴上，不知情的男青年也跟著將自己頭上的禮帽取下，戴上。

我們都知道，坐電梯一般都習慣面對電梯口；然而這根深蒂固的習慣，在三個影響者面前卻如此不堪一擊。而當影響者增加到四個，被影響者戴帽子的行為也變得不由自主了。

一位石油大亨到天堂去參加會議，進會議室發現已沒有地方落座。他靈機一動，喊了一聲：「地獄裡發現石油啦！」這一喊不要緊，天堂裡的石油大亨們紛紛向地獄跑去；很快，天堂裡就只剩下他了。這時，那位大亨心想：大家都跑了過去，莫非地獄裡真的發現石油了？於是，他也急匆匆地向地獄跑去。

以上是一則笑話，笑話中蘊含了深刻的道理。石油大亨面對原本就心知肚明的假話，在大勢面前居然也失去了自己的清醒。多數人都覺得從眾是穩妥的方案，認為那麼多人的判斷應該不會錯，即使走錯了也有很多人陪著，這就是羊群效應的心理基礎。

職場上的「羊群行為」比比皆是。：二〇〇八年金融危機中，金融業遭遇滑鐵盧，成為裁員「重災區」，就職金融業的風光不再；二〇一一年，市場終於徹底擺脫危機的影響，金融、IT、電子商務等行業又恢復了生機，大學畢業生們再度轉向這些產業；「公務員熱」已成社會的潮流，每年百萬大軍蜂擁而至，創造了千分之一錄取率的奇蹟……這些人從來沒有想過，自己的興趣與特長在哪裡，只是盲目地跟風。我們應該去尋找屬於自己的事業，而不是所謂的「熱門」工作。「熱門」的職業不一定適合我們，如果個性與工作不合，最終仍會導致失敗。

　　世界上沒有兩片完全相同的樹葉，當然也沒有兩個人的生活、愛好完全相同。誰都有屬有自己的生活，無論你從事什麼，無論職位高低、輕重，成功的關鍵就是找準自己的位置，所言所行與自己的位置相符相宜，讓上司知道自己、肯定自己。

　　此外，生活中的羊群效應也是不勝枚舉：街頭巷尾只要有一群人在圍觀，人群就會越來越大——不論他們在圍觀什麼。如果做一個類似於電梯心理實驗的測試，只要找一群人圍觀一棵平常的樹或其他事物，圍觀人數必定劇增。就是那些地攤騙子，也懂得利用羊群效應，一個農民打扮的人在賣「剛挖出來」的假古董，也曉得找一些同伴假裝圍觀、討價還價；而那些利用撲克牌、象棋或繩索變魔術的騙子，圍觀參與的多半都是自己人，這些假裝的「羊群」，在引誘那些不知情的羊入局。

　　創業也是如此，看到一個公司因為什麼生意賺錢，所有企業就蜂擁而至，供應大大增長後生產力飽和，供需關係失調，近期的太陽能產業、造船業、風力發電，莫不是如此，一哄而上後，只留下一片狼藉。

別妄自菲薄：比較利益

　　小諾進公司已經三年了，一直默默無聞，再看看和她同期的同事們，無論是銷售業績，還是事務性工作，都要比她高出一籌；不久前，一位同事還因為業績突出，而升任區域經理。感覺處處不如同事的小諾感到十分沮喪，甚至萌發了辭職的想法。

　　經濟學告訴我們：每個人都有自己的「比較利益」。即使所有工作都不如人，只要能找到自己的「比較利益」，認真做力所能及的事情，就一定能找到自己的位置。

　　比較利益是指：如果一個國家在本國生產一種產品的機會成本（用其他產品來衡量），低於在其他國家生產該產品的機會成本的話，則這個國家在生產該種產品上就擁有比較利益。比較利益是國際貿易學中的重要概念，現在廣泛用在各種競爭合作的比較當中，比如：城市的功能定位、國際間的經濟合作、求職者間的能力比較、職場人士的優勝劣汰……任何可能發生比較的地方，都能應用比較利益原理。

　　陳嘉淵，二〇〇二年畢業於北大歷史系，同年進入廣州

寶潔有限公司客戶生意發展部，相繼擔任重點客戶經理和區域經理。二〇〇四年加入殼牌中國有限公司工業油品部，擔任重點客戶經理。目前就職於嘉吉投資（中國）有限公司穀物油籽供應鏈，主要從事穀物市場研究和金融市場套保、投機等領域的工作。

「讀史使人明智」，與陳嘉淵的談話，讓我越來越發現：四年的歷史學習給了他過人的智慧。從沒有什麼專業優勢，卻成功進入寶潔公司，到這幾年事業蒸蒸日上，陳嘉淵説，他的祕訣是發揮歷史學的比較利益。

對於歷史學的「比較利益」，陳嘉淵有深刻理解：一般來説，公司可能會傾向於具有經濟管理背景的人，這雖然有利於實現專業化，但卻有可能導致公司內部「經濟學帝國主義」的泛濫。因為經濟學非常強調普遍性，它會嘗試歸納一些規律，比如銀行利率下降，股票就會上漲，銀行利率上升，股票就會下跌，學經濟的人通常會這樣思考問題：但我們也經常發現：銀行利率的升降和股票的漲跌，有時候沒有必然的聯繫。這是一種普遍規律外的特殊性，而歷史性思維往往更關注特殊性。歷史學可能會研究在某一個時段，甚至某一天，股票的漲跌是由哪些獨特的原因所引起，比如當天的天氣如何，當天的報紙會有哪些新聞，這些新聞對人會有怎樣的影響……他説，這是用非常微觀、非常具體的視角來分析問題，這種分析往往具有獨特的説服力。陳嘉淵還透露，在面試的時，他也充分強調了歷史專業的比較利益。

陳嘉淵現在工作很重要的一部分，就是從歷史學的角度

分析糧油市場的價格變化，而後才會把經濟學的供需理論加入分析框架，而這一視角獨特的報告，往往讓人眼前一亮。陳嘉淵無不自豪地認為「這也是歷史性分析問題時的獨特優勢」。

　　一個人要想在職場中脫穎而出，需要善加利用比較利益。就像當年田忌賽馬，自己的上、中、下三匹馬都不如人，但他以上馬對他人中馬、中馬對他人下馬、下馬對他人上馬，三局兩勝，扭轉乾坤。許多人或許都明白這個道理，但在審視自己的比較利益時，常會看不到自己任何過人之處，認為自己平淡無奇，甚至一無是處，卻覺得別人都充滿了閃光點。為什麼會這樣？因為人們最容易忽視的往往就是自身的優勢，有時甚至把優勢看成自己的缺陷，真是生在福中不知福。

　　一名具備職業化思維的職場人士，必須結合自身優勢來挖掘潛力。以微軟為例，是什麼造就了微軟今日的輝煌？是什麼造就了微軟精英的成功？不是因為微軟的員工都是全才；相反，微軟雇用的員工中「專才」、「偏才」較多，但是微軟以及這些員工本身，都懂得放大自己的比較利益。

　　「人盡其用」，將自己的優勢最大化，為企業帶來最佳效益，也為個人成功奠定了基礎。

做事抓住關鍵：二八定律

　　二八定律又名帕累托定律，也叫 80/20 定律、最省力法則、不平衡原則等，由十九世紀末、二十世紀初的義大利經濟學家帕累托提出。他發現：任何一組東西中，最重要的只占其中的一小部分，約百分之二十，其餘百分之八十儘管是多數，卻是次要的。習慣上，二八定律討論的是頂端的百分之二十，而非底部的百分之八十。

　　生意中，百分之二十的顧客帶來百分之八十的利潤；社會中，百分之二十的人群擁有百分之八十的財富；在職場裡，百分之二十的員工創造了百分之八十的利潤……種種事例表明，二八定律時刻影響著我們的生活，然而我們對此卻知之甚少。

　　弗蘭克·貝特格是美國保險業的鉅子，他講述了自己的故事：

　　「很多年前，我剛開始推銷保險時，對工作充滿了熱情；但後來發生了一些事，讓我覺得很氣餒，開始看不起自己的職業，打算辭職。但在辭職前，我想弄明白：到底是什麼讓

我業績不佳？

　　我先問自己：『問題到底是什麼？』我拜訪過那麼多人，業績卻一般。我和顧客談得很好，可是最後成交時他卻對我說：『我再考慮一下吧！』於是，我又得花時間找他，而說不定他又改變了主意，這讓我覺得很沮喪。

　　我接著問自己：『有什麼解決辦法嗎？』在回答之前，我拿出過去十二個月的工作記錄詳細研究。上面的數字讓我很吃驚：我所賣的保險有百分之七十是在前三次拜訪中成交的；另外有百分之二十三是在四到六次的拜訪成交的；只有百分之七是在七到九次拜訪才成交的；而十次以上拜訪的客戶沒有一個成交。而我，竟把一半的工作時間都用在十一次後的拜訪。這個發現讓我激動不已，又燃起了創造佳績的激情，便把辭職的事拋到九霄雲外。

　　該怎麼做呢？不言自明：我應該立刻停止第六次仍未成功的拜訪，把空出的時間用於尋找新顧客。執行結果令我大吃一驚：在很短的時間內我的業績上升一倍。」

　　這就是瞭解並運用二八定律後帶來的改變。弗蘭克發現自己一半的精力和時間，都浪費在效益不明顯的百分之七上，所以業績並不突出。二八定律提醒我們：集中精力做好最重要的事情，避免把時間和精力花費在瑣事上，要學會抓主要矛盾。一個人的時間和精力都非常有限，要想真正「做好每一件事情」根本不可能，要學會合理分配我們的時間和精力。與其面面俱到，不如重點突破──把百分之八十的資源花在最能獲得效益的百分之二十方面，這百分之二十方面

又能帶動其餘百分之八十的發展。

　　二八定律指出：在原因和結果、投入和產出，以及努力和報酬之間，存在著一種不平衡關係。它為這種不平衡關係提供了一個非常好的衡量標準：百分之八十的產出，來自於百分之二十的投入；百分之八十的結果，歸結於百分之二十的起因；百分之八十的成績，歸功於百分之二十的努力。

　　在工作中，你不妨活學活用二八定律，具體步驟如下：

　　首先，系統分析你的工作內容，找出工作績效的百分之八十來自於何處——也就是說找到最值得下功夫的百分之二十。

　　其次，制定計劃，合理分配時間，將百分之八十的精力放在最值得下功夫的百分之二十上。其他百分之二十的時間用來處理瑣事。

　　最後，按照計劃開始行動，努力堅持，不要被其他收益不大的瑣事纏住手腳、消耗時間。

　　——如此，你就會成為一個高效率職場人士！

二十一世紀職場生存法則：品牌影響力

　　品牌影響力是指品牌開拓、占領市場，並獲得利潤的能力。品牌影響力已成為左右顧客選擇商品的重要因素，同樣一款鞋子，貼一個 adidas 商標和一個國產商標，價格可以相差十倍；事實上，adidas 和 Nike 的鞋子，很多都是由中國沿海的工廠代工。

　　不光公司有品牌，公司裡的員工也有個人品牌，個人品牌就是個人在工作中顯示的獨特價值，它就像公司品牌、產品品牌一樣，要有一定的知名度和美譽。

　　二十一世紀的職場生存法則，就是建立個人品牌的影響力。要讓同事、同行一說到你，就讚譽有加，價值這時就突顯出來；當然，建立個人品牌是一件漫長艱辛的事情。

　　由於在大學是財務專業，小俞畢業後非常希望能夠從事財務方面的工作；但由於就業競爭激烈，他沒有找到自己喜歡的工作。

　　人才銀行有一家保險公司在應徵業務代表，市場行銷人員需求量大，他的一些同學也改行做銷售了。小俞抱著試試

看的心理投了履歷，因為總不能一直失業；沒有想到他被錄用了。

對於第一份工作，小俞非常投入，加上天資聰慧，很快做出了成績。五年後，小俞透過自己的努力和業績，成為這家保險公司的大區經理；可是他並不快樂，總為自己的專業感到可惜。

有一天，某公司應徵財務經理，他終於忍不住投了履歷。他認為自己不是學保險專業，既然這個工作能做好，自己專業的工作能做不好嗎？何況他目前的成績，也能在履歷上證明個人的能力；但是，幾個星期過去了，沒有任何面試的通知。以後，小俞又嘗試了幾次，都是沒有結果。小俞有些明白了：也許他只能在行銷工作中走下去了。

有小俞這樣職場經歷的人肯定不少，這就是一個職業規劃的問題。我們要慎重選擇職業，一旦做出了選擇，就應該放棄別的念想，愛上自己的職業，並在自己的產業經營個人品牌。

職場競爭中，個人的工作方法、技巧、流程都可以被競爭對手複製，個人品牌卻是無法複製的，它是優秀人才的關鍵性標誌。以前也許是我們去找工作機會，而現在是工作機會來找我們；當接到獵頭公司電話的時候，我們可能為之興奮，因為從這一刻開始，個人品牌已經形成了。

當今時代，一個人的事業已經從做一份工作、追求一個職業，發展到要建立個人品牌，它就像企業、產品品牌一樣，要有知名度，更要有忠誠度。

品牌員工首先要做個合格的職業人。作為職業人，要樹立正確的職業理想，要具有良好的職業道德，要與行業的規範保持一致，養成良好的職業習慣；其次，要做個合格的企業人，要與企業價值觀保持一致，言行舉止要以大局為重，處處為企業著想，準確體現和促進企業形象，謀求企業利益最大化。還要做個合格的崗位人，盡職盡責，出色的完成任務。

　　人品是建立個人品牌，成為品牌員工的前提。要成為品牌員工，既要有才，更要有德，要具有人格魅力。忠誠是人品最基本的要求，品牌員工不僅要忠誠於企業、忠誠於團隊、忠誠於同事，還要忠誠於職業、忠誠於朋友、忠誠於社會。守信是通往成功之門的鑰匙，誠信是最好的品牌闡釋。對恪守誠信的人，人們會格外推崇、依賴和親近；而對不守信用的人，則輕蔑、貶斥和遠離。

　　較強的工作技能是個人品牌的核心內容。在工作場所，能力不強的人很難樹立個人品牌，就像一個產品，客戶服務再好，如果常常故障，最終會讓客戶避而遠之。精深的專業是個人品牌建立的重要元素，「個人唯有專精，才能生存，否則別人挑夢幻團隊，不會想到你。」彼得‧杜拉克指出：「現在，個人專長的壽命，比企業的壽命長。」如何將技能結合工作風格，形成不可替代的價值，是建立個人品牌的關鍵。

　　智慧成就未來，心態決定成敗。在職業成功要素中，情商往往比智商作用更大。保持良好的心態，是充分發揮自身才幹、成為品牌員工、達到職業成功的必備條件。要成為品

牌員工，在工作中必須時常換位思考，重視並處理好人際關係。

　　擺正心態，放眼未來。品牌員工要對自身的職業發展做合理的規劃，立足長遠，必要時要捨棄眼前小利，一切行為均以未來發展為依據進行取捨，樹立正確的職業理想，養成良好的職業習慣。

　　品牌員工離不開企業與員工的相互信任與尊重，離不開企業與員工的深度溝通、真誠互動，企業與員工才能合作無間、共進共贏。

提防職場安樂死：溫水煮青蛙

　　十九世紀末，美國康乃爾大學曾進行過一次著名的「青蛙實驗」。

　　在這個實驗中，將一隻青蛙扔進盛滿五十度熱水的大鍋裡，青蛙觸電般地立即竄出去；後來，他又把一隻青蛙放在一個裝滿涼水的大鍋裡，用小火慢慢加熱，青蛙在裡頭優游自在；直到溫度升到攝氏四十多度，青蛙難以忍受想跳出去，但卻已失去跳的力量——還沒有五十度，青蛙就死了。

　　你或許知道「溫水煮青蛙」，但那只「青蛙」你見過嗎？其實，在職場中，有些人又何嘗不是在溫水中安逸麻木，最後變成了那隻被燙死的青蛙呢？

　　表面上看，環境適應、崗位熟悉對開展工作是有益的，但只要稍微深入思考，就會明白：如果目光總停留在昨天的適應上，看不到今天的「不適應」、明天的「新危機」，渾渾噩噩過日子，長此下去，就難以逃脫「溫水青蛙」的命運，就會在渾然不覺中被燙死。

　　在同一種環境下工作的太久，難免會產生一種現象：被

環境所同化，使得你沒有上進心和適應力，而只能適應目前的環境。有研究顯示：在同一個崗位上工作差不多三年後，工作環境就會產生類似的「溫水煮青蛙」。非常熟悉環境和同事，工作基本上也沒有太多挑戰，可以說是安逸穩定，也可以說是止步不前。雖然目前的工作似乎難度不高，你也知道這種狀態持續下去的危害，但卻沒有接受更大挑戰的勇氣。面對這種情況，就要提高警惕了；否則，很可能對你以後的職涯規劃產生負面影響。

檢視一下自己工作的環境，看看它是不是一口危險的溫水鍋？或許很難籠統的看出來，不妨從以下幾個角度來審視：

首先，專業技能。工作裡涉及專業技能的內容不多，或者即便有，來來去去也就是那麼一點，已經熟悉得無可再熟悉，沒有多少新鮮的事物。

其次，所處行業。身處夕陽行業——你還在紙媒體嗎？電腦與移動終端正光速摧毀這個行業。除紙媒體之外，還有哪些行業情景堪憂？

再者，職位待遇。多年來，職位或待遇都沒什麼明顯的變化。或許幾年前你和同齡人相比，薪水待遇令人羨慕；但幾年下來，都紛紛升遷加薪，你卻還在原地踏步。即便你的待遇仍然過得去，無形之中同比也在下降。或許你還可以設想一下：再過五、七年，情況又會如何？

最後，人際關係。你和同事們（包括工作拓展出來的人際關係網路）都已經認識了很多年，但是要好的卻始終只有

那麼兩三個。甚至部門主管對你也沒有格外清晰的印象，若有升遷變動的機會，也不會想起你。

以上四點，你身上若有三點，則證明你正處於溫水之中。如果四點皆有，說明這鍋溫水已經燒到危險的溫度了！

對於職場溫水中的「青蛙」族來說，溫水並不是最可怕的，最可怕的是身處其中而不自知，渾渾噩噩。只要隨時保有自省的意識，保持清醒的頭腦，有敏感度和警惕性，即便在溫水中，也不是世界末日，可以從四個方面去思考解決之道：

第一，找出明確的發展方向。對於現狀看不清楚、迷茫躊躇，很大程度上都是因為對未來沒有一個非常明確的規劃，也不清楚自己希望往什麼方向發展。人無遠慮，必有近憂，可以計劃一下你五年之後希望變成什麼狀態，看看按現狀走，有沒有可能發展到那一步。

第二，保持良好的學習習慣。不斷學習會讓我們意識到身邊的危險，和可能會出現的變化，讓我們開闊視野，而不是只囿於自己現有的知識半徑，原地踏步。這一點在所有的職位上都是共通的，哪怕是公認的溫水環境，如公務員系統，也一樣適用。特別要提醒的是：不要等到工作有需要時，才想到要去學習，而要把學習當成主動的目標，沒事的時候，哪怕學習外語也是好的。

第三，努力拓展人際關係。職場的圈子在很大程度上，依賴於人際關係圈子。敞開自己的心，多認識朋友，很有可能會帶來意想不到的機會。

　　第四，必要時，以退為進。如果決心要擺脫「溫水」狀況——無論是尋找全新的職場機遇，還是在現有的環境下做出改變，就要做好適度退讓的心理準備。這種退讓可能是待遇上的降低，或工作內容上的變動，不一而足。如果暫時的後退能換來更大的前進，那麼就是值得的。

第五章
商海沉浮經濟學

　　為什麼物以稀為貴？為什麼越貴的東西越好賣？肯德基免費發送優惠券只是為了促銷嗎？機票打折有什麼玄機？

　　很多身邊稀鬆平常的商業模式，其實都蘊含了經濟學原理。經濟學是社會科學中最實用、最成熟、研究的人也最多的一門學問。無論是生意人還是消費者，學習經濟學能夠更清楚透徹商場的許多問題。

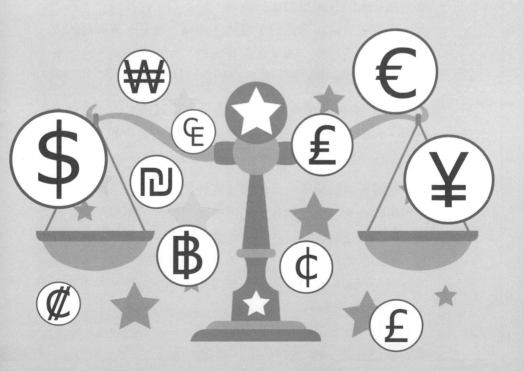

怎麼選都是錯的：霍布森選擇

有個叫霍布森的英國商人，他專門從事馬匹生意。他說：你們要買我的馬、租我的馬，都可以，價格都比別人便宜。

霍布森說的是實話，他馬匹的價格總是比市場行情低。他的馬圈很大，馬匹也很多，看上去選擇的餘地很大。霍布森只允許人們在馬圈的出口處選，但出口的門比較小，高頭大馬出不去，能出來的都是瘦馬、癩馬、小馬。來買馬的人左挑右選，不是瘦小的，就是有癩的；大家自以為完成了滿意的選擇，結果卻總是一個低級的決策結果。

「霍布森選擇」其實只是小選擇、假選擇、形式主義的選擇。人們自以為作了選擇，實際上思維和選擇的空間卻很小；而在商場上，霍布森選擇的陷阱比比皆是。

老張夫婦和兒子，多年來共同經營一家米粉店，生意穩定，平均一天五六百碗。他們沒有雇服務生，扣掉房租還有其他開銷，三個人每月加起來能賺到八千、一萬塊。有段時間，老張的老伴不小心摔傷了手臂，不能來店裡幫忙，於是就讓兒子小張叫未婚妻小敏來幫幾天。而小敏在米粉店當服

務生才幾天，老張就發現一個奇怪的現象：吃米粉加雞蛋的客人變多了，每天的營業額比以前多了八十、一百塊。剛開始老張以為只是巧合，但小敏在店裡幫忙的一個月都是這樣。

一個月後，老張的老伴康復回店，小敏就不再在店裡幫忙了；奇怪的是，小敏走後，加蛋的顧客明顯減少了，營業額又恢復到五六百。老張很疑惑，就又找了一個藉口，叫小敏再回來幫忙一天，並觀察小敏到底是如何做的。

原來，小敏在顧客入座點了米粉後，總會問一句：「加一個雞蛋還是兩個？」而老張的老伴問的是：「加不加雞蛋？」

同樣關於加雞蛋的問題，聽到小敏問話的顧客，多數選擇的是加幾個雞蛋（當然也有少數會說不要雞蛋），而聽到老張的老伴問話的顧客，選擇的是加不加雞蛋的問題。選擇的內容不同，答案自然也不同；透過提供不同的選擇，小敏不知不覺多賣了雞蛋，增加了銷售。

小敏給顧客的選擇，其實就是經濟學裡的霍布森選擇——儘管她可能不知道這個理論。很多時候，商家所謂的自由選擇，其實並不自由。有時候，外界為你設下了很多「小門」，但更多時候是自己在思維裡設置了「小門」。例如：你去辦理行動通訊方案，無論哪個方案，其實都是公司精心設計的把戲。

商海沉浮，除了要盡量識破對方的霍布森選擇外，在做決策時也要嚴防掉進自己的霍布森選擇陷阱。

有一家日本的牙膏廠，為了提升銷售量，不惜以重金在內部徵求點子，其方法從打折促銷到廣告攻勢，一輪實施下來都沒有取得多大效果；最後一個職員的建議，一下子就提升了百分之二十的銷售量。他的點子很簡單：將牙膏的管口增大百分之二十。人們在用牙膏時，根據以往的手感擠牙膏，無意中就多擠了百分之二十。毫無疑問，這就增加了該款牙膏的使用率；當然，這個辦法似乎也有隱患，就是使用者可能會覺得這款牙膏不經用，而選用他牌牙膏。但事實是，對於牙膏這類小商品，又有幾個消費者會注意到這個細節？因此，顧客還是那些顧客，但無形之中卻增加了消費量。

　　可見，要想跳出霍布森選擇的陷阱，需要努力拓展視野，讓選擇進入「多方案選擇」的良性狀態。這要求我們應當有來自「自我」和來自「他人」的不同意見。就來自「自我」的角度而言，就是要充分思索，讓各方問題暴露出來，從而把思想過程中那些不必要的部分丟棄，好比修鑿浮雕。

　　那些成功人士都有一個共同特徵：他們在確定某項選擇、作出某種決策時，總是盡可能地在交往過程中，激發反對意見，待每個角度都看清後，最終確定選擇、實施決策。

同樣的商品不同的價格：價格歧視

　　同樣一件商品（或服務），不同的人、不同的時間購買，就會有價格差異。這樣的差異，小則百分之一，甚至更小，多則翻倍，甚至更多。例如你有超市會員卡，某些商品可以享受會員優惠價；又例如買機票，提前一週買和前一天才買，價格自然相差很多。

　　商品或服務的提供者，向不同接受者提供相同等級、相同品質的商品或服務時，在接受者間實行不同的銷售價格或收費標準，這種行為在經濟學中叫價格歧視。價格歧視並非貶義詞，只是企業透過差別定價，來獲取超額利潤的一種商業策略。

　　常去肯德基的人都知道：肯德基有各種形式的優惠券。有的是給一張或幾張，針對特定的食品或特定的時限內有消費優惠，顧客甚至可以登入肯德基的官方網站，下載優惠券。事實上，不僅僅是肯德基，許多中式餐廳——如麻辣誘惑，也有類似的優惠券。

　　發放優惠券的目的之一是吸引更多的顧客，提高銷售

量。但如果只是這樣的目的，為什麼不直接降價？

其實，肯德基想藉此進行價格歧視——區分顧客。很明顯，經常使用優惠券的顧客，相對來說屬於價格敏感度較高的人群，因為無論以哪種方式使用優惠券，都有一定的麻煩，即便最簡單的從服務生的手裡接過，也需要好好保存，下次還要記得帶；而上網下載，也需要花費時間與精力。那些價格敏感度低的顧客，即使是送到手的優惠券，十有八九也是隨手擱置忘了使用（相信這樣的讀者很多）。另外，優惠券能購買的通常是某種指定的商品組合，而不是隨意購買。也就是說，使用優惠券的顧客，要付出代價——不能隨意挑選商品的代價，這也是一種成本。

透過上述方式，肯德基成功地將價格敏感度高、低的顧客分開。然後，對於價格敏感度低——不持有優惠券的顧客，肯德基提供的商品就比較貴（沒有優惠），而對於價格敏感度高——持有優惠券的顧客，肯德基給他們打折。時間、地點、商品相同，但價格不同，這就是典型的價格歧視。透過價格歧視，肯德基賺取了更多的消費者剩餘，增加了利潤。

美國的航空公司將價格歧視做得更明顯：正常情況下，航空公司之間劇烈的價格戰，會導致提前一週訂來回機票有三折的折扣；但航空公司不願意讓出差的商務人士也享受到這個優惠（商務人士對機票價格相對不敏感），該怎麼辦？商務人士在購買來回優惠票時必須先符合一些條件，例如：如果提前兩週訂票，必須在目的地度過一個甚至兩個週末；提

前一週訂票，要在目的地過一個週末等。公務人士出差，很少會在外地過週末，時間上不允許，經濟上也划不來。航空公司這一招，使得這些「優質顧客」無法取得優惠，從而賺取了更多的利潤。

通常來說，價格歧視有三種形式：一級價格歧視、二級價格歧視和三級價格歧視。

一級價格歧視：當賣方處於絕對壟斷且訊息靈通的情況下，賣方可以對每一單位的商品收取買方願意支付的最高價格，將消費者剩餘全部收歸己有。假設某地區只有一個房地產商，並且他清楚每一個「剛性需求」願意支付的最高價格，他將對每一個「剛性需求」收取不同的價格，使他們剛好願意購房。這樣，客戶們的全部消費者剩餘都轉移到了房地產商那裡；當然，這種價格歧視在當今是不可能達成的。

二級價格歧視：賣方根據買方購買量的不同，收取不同的價格，比如：電信公司對客戶推出不同方案，收取不同的價格，對於使用量小的客戶，單位時間收取較高的價格；對於使用量大的客戶，單位時間收取較低的價格。賣方透過這種方式，把買方的一部分消費者剩餘據為己有。

三級價格歧視：賣方對不同類型的買方，收取不同的價格。例如我們前面所說的肯德基優惠券，以及機票打折時盡量排除商務人士的例子。

顯然，價格歧視有利於賣方獲益。因為透過價格歧視，原本屬於買方的消費者剩餘，也被轉移到了賣方。按照經濟學家的分析，價格歧視在經濟上是有效率的，滿足帕累托標

準。所謂的帕累托標準，是指在資源配置中，如果至少有一個人認為方案 A 優於方案 B，而沒有人認為 A 劣於 B，則認為從社會的觀點看 A 亦優於 B。

　　賣方透過價格歧視，讓窮人少付錢，富人多付錢，賣方達到最大收益的同時，也實現了社會福利最大化。如果賣方統一價格，雖然也能達到最大收益，但卻無法達到社會福利最大化。因而，第二、第三級的價格歧視是多贏的。

新經濟，新浪潮：體驗經濟

　　所謂體驗經濟，是指從生活與情境出發，塑造感官體驗及思維認同，以抓住顧客的注意力，並為商品銷售找到新的生存價值與空間。體驗經濟以消費者親身體驗為舞台，以商品作為道具使顧客融入其中。縱觀世界經濟的發展，已經歷了四個階段：

(1)　產品經濟時代。產品經濟又稱農業經濟，是工業時代前的主要經濟形式。當時的商品處於短缺期，即供不應求階段，誰控制著產品或製造產品的生產資源，誰就主宰市場。

(2)　商品經濟時代。商品經濟又稱工業經濟，隨著高度的工業化，商品越來越豐富，以至於出現過剩，即供大於求階段。市場競爭加劇使利潤越來越稀薄，最後開始虧損。

(3)　服務經濟時代。服務經濟從商品經濟中分離出來，注重商品銷售的客戶關係，向顧客提供額外利益，開始體現出個性化。

(4) 體驗經濟時代。體驗經濟又是從服務經濟中分離出來，追求顧客感受性的滿足程度，重視消費過程中的自我體驗。

我們舉一個美國人伊貝卡的家庭，三代同堂過生日的例子：

第一代人奶奶，她過七十歲生日的時候，爺爺會去糕點屋買一個蛋糕，每次過生日只需要十美元就夠了；媽媽過四十歲生日的時候，爸爸會打個電話訂一個蛋糕回家，這個時她每次生日要花到二十美元；女兒十歲生日的時候，她邀請了十五個同學去農場採摘、煮菜，非常開心地玩了一天。然後媽媽開了一張兩百美元支票給農場主。

透過三代人生日的不同過法，你就會發現，第一代的人是自己去買，只花了很少的錢，這就是商品經濟時代；如果上溯到奶奶的上一輩過生日，更多是買了原料自己回家做生日蛋糕，那樣花的錢更少，屬於產品經濟時代；第二代的人，打個電話把蛋糕送回家，這是服務經濟時代；第三代人讓孩子參加了很好的體驗活動，孩子玩得特別高興，分享的不僅是生日蛋糕，還有生日的體驗，這屬於體驗經濟時代。

去賭城拉斯維加斯的人，大部分並非真正的賭徒，而無非只是想體驗當「賭徒」的感覺；男女老少蜂擁而至迪士尼樂園，他們想體驗的是米老鼠與唐老鴨的世界；美國富翁丹尼斯·蒂托和南非商人馬克·沙特爾沃斯想體驗一下太空旅遊，為此每人支付了 兩千萬美元的天價。在消費者看來，個性化體驗比簡單的商業交易擁有更高的價值，他們願意為此付出

額外的金錢。越來越多的消費者渴望得到體驗，越來越多的企業精心設計與銷售體驗。從工業到農業、旅遊業、商業、服務業、餐飲業、娛樂業（影視、主題公園）都開始涉足體驗經濟。就連一向刻板的 IT 產業也趨之若鶩，如 IBM 開設數百家體驗店，聯想集團也投入重金開設體驗店。以 Apple 為代表的 3C 產業也不甘落後，體驗店更是遍地開花。

每一波浪潮，都是大自然有形的呼吸，而在這一呼一吸之間，孕育著生命的奇蹟。如何抓住這一波體驗經濟的浪潮，孕育出一家活力十足的賺錢企業？

首先，主題鮮明。看到星際好萊塢、硬石餐廳、雨林咖啡廳這些主題餐廳的名字，就會聯想進入餐廳的感受，因為它們都點出了鮮明的主題；若缺乏鮮明的主題，消費者抓不到主軸，就不能整合體驗，也無法留下深刻的記憶。

第二，以正面線索塑造印象。雨林咖啡廳的服務生，帶位時不會說「這邊請」，而是「您的冒險即將開始」，構成了開啟特殊體驗的線索。鮮明的主題是體驗的基礎，它要令人難忘，就必須製造強調體驗的線索。線索構成印象，在消費者心中創造體驗，且每個線索都必須呼應主題。

第三，充分利用紀念品。同樣一枚刻有長城的銅質紀念幣，在長城上買一枚（刻上名字），一般是二十元左右，一出長城的收費口，五元，甚至三元就能買到，也提供刻名字的服務。但更多人還是願意在長城上花高價買，因為在長城上買更具有體驗價值。

第四，整合多種感官刺激。體驗中的感官刺激應該支

持、增強主題，而且體驗所涉及的感官越多，就越容易成功、越令人難忘。酒吧裡調酒師表演花式調酒，擦鞋匠會用布拍打皮鞋發出清脆的聲音。這些動作不會讓酒更好喝、讓皮鞋更亮，但可以增強顧客的感官體驗。

最後，推陳出新。就像旅遊一樣，第一次去感覺新鮮，第二次去感覺會比較乏味，再多去幾次會索然無味。在經濟學中，這叫邊際報酬遞減。很多體驗式餐廳、農場，在剛開張時人滿為患，不久就門前冷落鞍馬稀，就是邊際報酬遞減在作祟。所以，不斷在鮮明主題的基礎上更新體驗，讓消費者保持新鮮感，體驗式經濟必須掌握。這一點，娛樂業的巨頭迪士尼就做得很好，總是不斷推陳出新，增加新活動，吸引消費者。

決策依據：企業景氣指數

二〇一三年五月的一天，小張打電話給哥哥要借二十萬元，說想在北京做餐飲。哥哥說：「等一下我答覆你。」

沒多久，哥哥的電話來了，他說：「老弟啊，餐飲業現在不景氣，還是別開了吧？」

小張以為哥哥不想借那麼多錢給自己，就說：「哥哥，不然你借我十萬也可以，剩下的我再想想辦法。」

哥哥回答：「不是錢的問題，是這個行業目前不景氣。我剛才在網上查了一下住宿和餐飲業的景氣指數，只有七十九點八，很低呢。」

弟弟不明白什麼叫「住宿和餐飲業的景氣指數」，更不理解為什麼七十九點八的數值很低。於是，哥哥就耐心為他講解——

企業景氣指數的全名為「企業綜合生產經營景氣指數」，是根據企業負責人對本企業綜合生產經營情況的判斷，而編制的指數，用以綜合反映企業的生產經營狀況。景氣指數的數值介於〇和兩百之間，一百為景氣指數的臨界值。當景氣

指數大於一百時，表明趨於上升或改善，處於景氣狀態，越接近兩百狀態越好；當景氣指數小於一百時，表明趨於下降或惡化，處於不景氣狀態，越接近〇狀態越差。

根據中國國家統計局在二〇一三年四月公布的數據顯示，一季度中國企業景氣指數為一百二十五點六，比去年四季度上升一點二點，繼續運行在景氣區間。其中，住宿和餐飲業的景氣指數為七十九點八，低於一百，屬於不景氣狀態。

小張懶得聽在大學當教授的書呆子哥哥說教，他放下電話，另籌了二十萬元，共計投入一百五十萬開了一家餐廳；結果營業到十一月份，半年裡就虧損了三十多萬，還不算前期的裝修。後悔莫及的小張這才想起了，哥哥曾經說過的住宿與餐飲業的景氣指數，於是上網一查：發現三季度的的企業景氣指數為一百二十一點五，有溫和回升的態勢，而住宿和餐飲景氣指數為八十八點三，仍然處於不景氣。

企業景氣指數起源於西方國家，此後在全世界得到了迅速的推廣。

企業景氣指數的計算方法為：企業景氣指數 =0.4× 即期企業景氣指數 +0.6× 預期企業景氣指數。其中：

即期企業景氣指數 =（企業負責人對本季度企業綜合經營狀況回答良好比重－回答不佳的比重）×100+100。

預期企業景氣指數 =（企業負責人對預計下季度企業綜合經營狀況回答良好比重－回答不佳的比重）×100+100。

　　企業景氣指數體現的是整體的經濟形勢，其中又有八大行業的單獨數據。商界人士在做決策時，不妨多關注一下相關產業的景氣指數。商場如大海行舟，要乘勢而為，好的形勢則猶如東風，乘勢而行猶如順風揚帆，事半功倍；反之則如逆風行舟，舉步維艱。

打美女牌，算經濟帳：美女經濟

　　在成都建設路上，有一家名為「燊記石烤」的燒烤小店，店面雖不大，名氣卻不小，買燒烤魷魚的顧客經常大排長龍，每天為這間店送上數千元的營業額。這個小店之所以那麼吸引人，並非味道絕倫，而是店主是一個非常俏麗的小美女：店主「九〇後」，姓刁，人稱「魷魚西施」。小刁是成都科技大學大四學生，皮膚白皙，容貌嬌美，笑起來很甜，不少來消費的顧客，就是衝「魷魚西施」的芳顏而來。

　　在經濟學家眼裡，美女也是一種資源，而美女經濟就是開發這種資源最集中的經濟活動。作為一種可以經營的資源，美女經濟圍繞著美女資源，產生一系列的增值效果，其中，美女不是被直接消費的商品，而是美麗的傳播介質。各種「西施」的湧現——包子西施、豆漿西施、糖水西施，表明美女經濟擁有獨特的魅力和被挖掘的潛能。

　　在工作與生活中我們也不難發現：美女業務員出馬，更容易簽約；美女站櫃台，銷售額會提高；雜誌封面刊登美女，能吸引大批讀者……這些都說明，美女經濟具有其他經濟方式難以替代的「錢」途。

打美女牌，算經濟帳。早在古印度，就有商人巧妙地將美女轉化成金錢：

古印度有個大財主叫摩訶密，有七個長得非常漂亮的女兒。摩訶密視女兒們為驕傲，每有賓客前來，必然讓她們出來「走秀」。

有一天，一名來訪的賓客突然對摩訶密說：「我是這裡最有名的裁縫，聽說您的女兒美麗絕倫，但我感覺，她們還沒有我做出的衣裳漂亮。」財主一聽，心頭非常不服。這時，裁縫說：「我們打個賭，我將製作世界上最美麗的衣裳，讓您的女兒到我的店裡試穿。假如大家都說您的女兒比我的衣服漂亮，那我就輸給你五百兩白銀；反之，你就要給我五百兩白銀，怎麼樣？」摩訶密一聽，毫不猶豫地答應了。

第二天，摩訶密帶著女兒們來到裁縫的店鋪。女兒們穿上裁縫的衣服，周圍人頓時一片讚嘆。在美麗衣裳的襯托下，摩訶密的女兒像仙女般漂亮，人人都誇獎摩訶密的女兒美貌絕倫，同時也讚嘆裁縫的手藝巧妙精良。當提到哪個更勝一籌時，大家一致認為摩訶密的女兒們更漂亮。得到了人們的肯定和五百兩白銀，摩訶密非常高興；奇怪的是，輸了錢的裁縫似乎也顯得很開心。

摩訶密很疑惑，便偷偷派人觀察，結果發現：自從這次打賭後，沒幾天裁縫店裡就擠滿了愛美的女子，人人都想在他店裡買衣服。而裁縫所賣的衣服也從打賭的那天開始，由一兩白銀變成了三兩白銀。

用今天的話來說，摩訶密的女兒們為裁縫出演了一場

「時裝秀」，出場費為五百兩白銀，這就是美女經濟，即圍繞美女資源的財富創造和分配的經濟活動。美女的影響力越來越大，無論是商場開業，還是車展、房展，或是兜售某種商品，商家都熱衷於請美女站台，藉美生財。

為什麼商家會寵愛「美女經濟」？為什麼「美女促銷」的戲碼總是不斷上演？美女一笑傾城，再笑傾國，吸引你買單也是易如反掌。

馬歇爾在《經濟學原理》中的「論需求及滿足」，為我們闡述了多樣化的欲望，由欲望便產生了需求。現代生活帶來了新的消費觀念，人們在滿足了基本的溫飽需求後，逐漸從單一的價值導向消費，轉而關注消費中的附加價值，「美女經濟」的出現便是適應了市場需求，也適應了大眾生活的需求。

根據一家著名汽車廠商的調查表明：在車展中，如果只有名車而無美女，觀眾停下觀看的平均時間是兩分鐘；如果既有名車又有美女，觀眾停下觀看的時間則是九分鐘。也就是說，美女讓觀眾對這種產品的關注增加了七分鐘。而正是這短短的七分鐘，就為企業贏得了不少的商業機會和銷售收入。

市場經濟越發展，競爭就越激烈。「美女經濟」作為市場經濟發展的產物，宣揚了人皆有之的「愛美之心」，增加了公眾對美麗的注意。完善的市場經濟需要社會欣賞，利用美女的特殊價值來包裝和促進經濟，是時代發展的一種必然產物，對人們的精神生活實在是有利無弊。

　　從經濟學上看，商家就是在充分利用美女的經濟價值，必須承認，美貌在這個世界上屬於稀缺資源，人們就容易將目光投注到美貌上。

　　相貌是天生的，一個人長得美，如同富二代一樣是幸運兒。不過，做不了富二代，可以透過努力做富一代；一個人長得不美，也可以透過後天的塑身與醫美讓自己變美。

鋁為什麼會比銀貴：稀缺性

是什麼在決定一件商品的價錢？

我們可以說出很多因素：知名大牌、品質好，用材考究、全手工……這些都與價錢有關；不過相對來說，是否稀缺，是決定商品價錢一個更為重要的因素。一個最簡單的例子：水與空氣對人來說如生命般寶貴，而鑽石屬於可有可無的東西，但因為水與空氣極多，因而非常廉價甚至免費。鑽石因為極其稀少，價錢便極高。

拿破崙三世（一八〇八－一八七三），是法蘭西第二共和的總統（一八四八－一八五一）以及法蘭西第二帝國的皇帝（一八五二－一八七〇）。拿破崙三世喜歡炫耀，他常常大擺宴席，宴請天下賓客。每次宴會，他總是擺出一副高人一等的樣子，餐桌上的用具幾乎全是銀製的，唯有他自己的碗卻是鋁製品。

為什麼貴為法國皇帝，他卻不用高貴亮麗的銀碗，而用色澤暗沉的鋁碗呢？

原來，兩百年前的拿破崙時代，冶煉和使用金銀已經有

很長的歷史，宮廷中的銀器比比皆是；可是，當時鋁金屬的提煉技術落後，鋁製品是極其稀罕的東西，不要說平民百姓用不起，就是王公大臣也用不上。因此，拿破崙讓客人們用銀餐具，自己卻用鋁碗，就是為了顯示自己的高貴和尊嚴。

因為鋁製品少，所以價值高；而在鋁製品充斥大街時，誰還會像當年的拿破崙三世一樣，拿它來炫耀？

常言道：物以稀為貴。當一件商品非常稀少，或逐漸稀少時，會變得更有價值。例如同一系列的生肖紀念郵票，如果兔的郵票比猴的少很多，那麼在郵票市場上，前者的售價就會高於後者——儘管兩者的面額一樣。

在經濟學中，把引起價值增長，或購買行為提高的稀缺商品，稱之為「稀缺性」，這一點在書畫以及古董收藏市場上尤為明顯。某一個畫家存世的作品如果比較少，就算作品品質稍遜，也可能比存世量多的、更優秀的作品昂貴；而當一位優秀的書畫家或美術大師逝世，其作品當天就會價值飆升，求購其作品的人會更加熱情，因為他的作品只會日漸稀缺，而不會增加了。

關注和享受稀缺，希望擁有被爭奪物品的願望，幾乎是人的本能，而商人、媒體都會宣傳和製造稀缺，以影響人們的行為。不知你是否留意過：很多房地產在開盤前，開發商總是進行大量廣告轟炸，吸引人們前去看樓，邀請看樓者登記、交保證金、登記為 VIP 客戶等，有的還張榜公布銷售情況（實際沒有銷售那麼多），營造臨時性缺貨或只剩少數存貨的假象，造成僧多粥少的恐慌。在這種心態支配下，購房者

爭先恐後簽下合約，生怕晚一天就被被人搶走了；實際上，很多貌似搶手的房地產，一年半載後還有樓房在銷售——只不過售價有節奏地在上漲。

HERMÈS 在全球奢侈品中的品牌地位遠高於 LV，HERMÈS 的 Kelly 包並不是從櫃台售出，而是訂購。訂購一個包從八萬元到二十多萬元不等，還需要等待四年的時間，如此稀缺、難得，加上其本身優良的品質，令 Kelly 包供不應求；美國的摩托車哈雷，走的也是稀缺的路線；而英國豪車勞斯萊斯，不僅產量稀缺，而且某些型號的汽車還需要對購買者的身分進行審核。如此種種，給人們留下了無限的想像空間，令這些商品到了皇帝女兒不愁嫁的地步。

在銷售商品時，商家也常常使用「一次性大拍賣」、「清倉大特價」來引誘顧客，並將時間定為「最後三天」。用這種貌似機會難得的策略，引起顧客購買的慾望。而在線上購物的欄目中，推銷者也總是不停地強調：此次優惠只針對前一百個打電話者，或只有五分鐘的時間。這些小招數其實經不起推敲，卻總是能起到很好的促銷作用，有不少人就經常買一些不實用的商品回家，多半就是被這種「機會難得」的言辭蠱惑，結果回家後商品就一直躺在櫃子。現在，你不妨也翻翻你的櫃子，看你是否買過一些無用的商品，藉此反省一下自己的消費觀。

雖說買的永遠沒有賣的精，但作為普通消費者，還是要擦亮眼睛，對商家製造出的稀缺性假象保持理智與清醒。

E 世代的商業創新：長尾理論

　　長尾理論是網路時代興起的一種新理論，由美國人克里斯·安德森提出。克里斯·安德森發現：傳統商業認為，企業界百分之八十的業績來自百分之二十的產品；但長尾理論卻認為，網際網路的崛起已打破這項鐵律，只要產品的儲存和流通的管道夠大，需求不多的產品的市占率就能和少數熱銷產品的市占率匹敵，甚至更大，即眾多小市場的匯聚可與主流市場抗衡。

　　什麼是長尾呢？簡單地說，就是數量、品種二維座標上的一條需求曲線，由於這條曲線像一條長長的尾巴，向代表「品項」的橫軸盡頭延伸，所以稱為長尾。

　　乍一看，長尾理論和傳統的二八定律存在矛盾。但長尾理論的主張，有一個至關重要的條件：基於網際網路的崛起。網際網路的崛起，將商品的銷售成本降到最低，每一個微小的業務，都是利潤的水滴，這些水滴可以聚少成多，最終形成一條奔騰的大河。為了方便說明問題，我們不妨以書店為例：

一家大型傳統書城，假設有十萬冊在售圖書，那麼這十萬冊圖書必須盡可能是相對暢銷的圖書，如果某冊圖書一年只銷售幾本，就不如不要進貨。店面租金、店員薪水、水電、庫存成本……這些都逼迫書店將二八法則奉為圭臬。

　　而如果這家書店是網上書店，比如亞馬遜，因為店面是虛擬的，上架十萬冊書和數百萬冊書的成本相差不大，店員薪水也不會因上架圖書的增加而提高太多，水電費更與圖書的多寡無關。因圖書增加造成的庫存壓力基本上也可以忽略，亞馬遜除了庫存兩百種最受歡迎的暢銷書外，其他的圖書都是零庫存；直到顧客下訂單後，再透過第三方物流直接從出版商那裡發貨。這樣，哪怕一本書一年只銷售一本，該本書也會為亞馬遜帶來利潤。事實上，在亞馬遜的圖書銷售額中，有約百分之三十來自排名十萬以後的書籍。且這些「冷門」書籍的銷售比例正高速成長，預計未來可占整個書市的一半。

　　透過以上對比，就可以清晰地看出：長尾理論和二八定律其實並不矛盾，只是不同商業形態所造成的差異。以下有一組美國市場大樣本統計出來的數據，可以讓我們更直觀認識兩者之間的異同：

　　在以物理為基礎的工業經濟中，百分之二十的熱門產品，帶來百分之八十的收入，並帶來百分之百的利潤；而在以知識為基礎的「長尾」經濟（網路經濟）中，百分之二十的熱門產品，將萎縮成百分之十的熱門產品，其中進一步分化為百分之二的大熱門產品和百分之八的次熱門產品。百分

之二的大熱門產品，帶來百分之五十的收入和百分之三十三的利潤；百分之八的次熱門產品，帶來百分之二十五的收入和百分之三十三的利潤；剩下的百分之九十的長尾產品，將帶來百分之二十五的收入和百分之三十三的利潤。

以上數據最重要的看點在於：大熱門產品的總利潤，竟與冷門產品（長尾產品）的利潤相等。長尾理論由此認為，經營冷門與經營熱門，在利潤上是一樣的。下載一個來電答鈴兩塊錢，對於銷售方會有多大的意義？答案是：這個兩塊錢改變了整個唱片業的命運。手機使用者無數次小額支付的兩塊錢，讓音樂消費者從之前幾百萬買唱片的核心消費人群，擴展到了數以億計購買片段數位音樂的手機使用者——這條長長的尾巴，創造了比唱片業更大的銷售額與利潤。

百度、騰訊和阿里巴巴現在都是巨頭企業，但他們並沒有接過什麼大訂單。他們的使用者大多消費額度很小，數量卻很多。眾多小企業、貿易公司以及個人用戶，給三大公司提供巨大的收入，它們的成功，就是長尾理論的最佳註腳。

值得指出的是：就像我們以上列舉的例子一樣，安德森在長尾理論中的例子，基本上都來自網路數位產業，包括音樂下載、維基百科、部落格等，卻沒有實體製造業的例子。這是因為在實體製造業中，工業化的生產和銷售方式仍然占據主導地位。

長尾理論已經成為一種新型的經濟模式，被成功應用於網路經濟領域，讓許多符合長尾理論的市場看到新的契機。長尾理論的生命力必得立足於網路經濟，因為這一理論成立

的前提就以網際網路為基礎，只有在庫存和運輸成本變低的情況下，供應商才有可能滿足長尾式的市場需求。淘寶網、亞馬遜等都是如此，它們可以透過網路實現交易的即時互動，消費者的需求也可以在第一時間得到回饋，傳統的行銷模式卻不可能做到這一點。

最後，總結出適用長尾理論企業的三個特點：

1. 基本上處於「零庫存」及邊際成本遞減

例如百度、阿里巴巴、九天音樂下載，他們透過發布訊息、引導需求等方式，搭建供需交流的平台。在此過程中，企業既不需要進行有形產品的生產與儲存，也不需要實質的產品運輸。更重要的是，隨著使用者訪問量的增加，企業的邊際成本有不斷降低的趨勢。

2. 接近無限的選擇

亞馬遜的成功，在於它幾乎收集接近百分之百的書籍，而與其他網路書店相比的核心優勢在於，多數網路書店能做到百分之九十，但亞馬遜能做到百分之百，對眾多選擇者來說，亞馬遜提供了別人辦不到的，接近無限的選擇。

3. 擁有龐大的客戶群

聚少成多，積沙成塔，只有累積微盈，才可能產生巨額盈利。這就要求客戶群體巨大，無論是提供專業性服務的垂直網站，還是多元化、個性化服務的入口網站，若沒有龐大使用者的支持，進行長尾式經營無疑是天方夜譚。

　　只有滿足以上三點，企業才能嘗到長尾理論的甜頭；否則，還是奉行二八法則為上。

虛幻的公平：錨定效應

錨定效應在生意上有廣泛的運用。錨定效應認為：對於顧客來說，他們對一個產品作出購買決策時，需要認為價格是公平、划算的；然而，公平與划算是相對的，關鍵就是你的基準點。基準點定位就像錨一樣，一旦定了，評價體系也就定了，公平划算與否也有了答案。

有一家湘菜館的「毛氏紅燒肉」定價為三十八元，老闆想將這道菜作為招牌菜，卻一直銷售平平。

後來，老闆想了一個辦法：他將定價三十八元的「毛氏紅燒肉」更名為「金牌毛氏祕製文火紅燒肉」，價格定在四十八元；同時，又稍微改了一下烹飪手法，並在分量上加多，推出一道「至尊毛氏祕製文火紅燒肉」，定價為九十八元，放在菜譜醒目處；此外，還推出第三種命名為「家常毛氏祕製文火紅燒肉」的菜，每盤售價二十八元。

不久，這家湘菜館點紅燒肉的顧客開始增加。大致測算一下，有百分之六十的顧客點的是四十八元，點九十八元與二十八元的，大約各占百分之二十。

紅燒肉還是那盤紅燒肉，因為有了一個對比，儘管漲價卻反而暢銷起來，理由何在？還是錨定效應在作祟。顧客看到定價九十八元的紅燒肉時，就錨定了紅燒肉的價格，多數顧客會有如下心理演繹：

九十八元，這麼貴？難道很有特色？既然很有特色，那麼試試？不，還是太貴了……哦，有便宜一點的，四十八元，蠻合算。還有二十八元的？這個……家常菜，還是吃四十八元的吧。

生意上的錨定效應比比皆是：去服裝店買衣服，店員張口就是一千多，將價格的錨高高設定。於是有些不善於講價的人喜歡去品牌店，品牌店明標價碼不講價，折扣也是明明白白標出來：原價兩千八百元，六折。看似省了不少錢，豈知那「兩千八百」大部分也是錨；精裝套書市場就更厲害了，幾千上萬的一套書，一折可以買到，可其實呢，一折也是幾百上千。

那麼，作為一個理性的經濟人，在工作與生活中除了要盡量少被錨定，也不妨在恰當時向別人沉入一沉重的「錨」。

曾經有個故事：華盛頓的馬被鄰居偷了，華盛頓也知道馬是被誰偷走的，於是帶著警察來到偷馬鄰居的農場，並找到了自己的馬，鄰居卻堅持說馬是自家的。華盛頓靈機一動，就用雙手將馬的眼睛捂住說：「如果這馬是你的，你一定知道牠的哪隻眼睛有問題。」「右眼。」鄰居回答。華盛頓把手從右眼移開，馬的右眼一點問題沒有。「啊，我記錯了，是左眼。」鄰居糾正道。華盛頓又把左手也移開，馬的左眼

也沒有毛病。鄰居還想為自己申辯，警察卻說：「什麼也不要說了，這樣還不能證明這馬不是你的嗎？」

鄰居為什麼被識破？是因為華盛頓利用了錨定效應，他給鄰居扔了一支錨——「馬的哪隻眼睛有問題」，讓其相信「馬有一隻眼睛有問題」，致使鄰居猜完了右眼猜左眼，就是沒想到馬的眼睛根本沒毛病。

錨定效應的應用可以說極其廣泛，相信聰明的讀者在學習本節之後，能舉一反三，在今後的工作與生活中，「錨定」自己的利益與幸運。

第六章
國民經濟學熱門關鍵字

　　國民經濟是指「一個國家社會經濟活動的總稱，是由互相聯繫、互相影響的經濟環節、經濟層次、經濟部門和經濟地區構成。國民經濟這一概念，特別強調經濟的整體性和聯繫性。」

　　國民經濟學源於亞當斯密的《國富論》，當中關於國民財富的生產、分配以及增長發展的論述，這一詞彙最早出現於十八世紀的歐洲，由義大利人奧特斯首先使用。

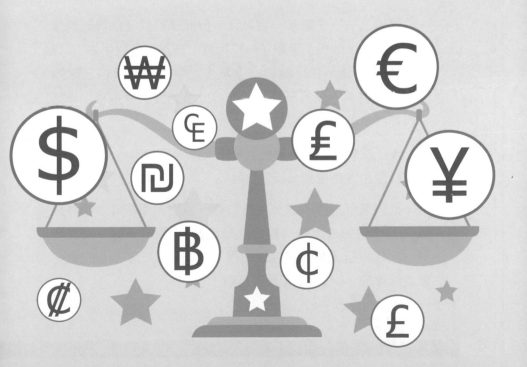

從一則網路笑話談起：GDP

有兩個經濟學家正在散步，一路上為了某個數學模型爭得面紅耳赤。這時，甲經濟學家指著路邊的一坨狗糞，挑釁地對乙經濟學家說：「你吃了這坨狗屎，我給你一百萬元。」重賞之下必有勇夫，乙二話沒說吃了那坨狗糞。當然，甲為此當場簽了一張一百萬元的支票給乙。

雖說乙一下子賺了一百萬元，但肚子裡翻江倒海有夠難受。沒多久，他們又發現了一坨狗糞。於是，乙對甲說：「你吃了這坨狗糞，我也給你一百萬。」甲有點心疼自己剛剛支出的一百萬，就捏著鼻子強忍著吃了狗糞。就這樣，一張一百萬的支票又回到甲的口袋。

走了沒幾步，這兩個經濟學家突然抓狂起來：「鬧了半天我們什麼也沒有得到，卻白白地吃了兩堆狗糞！」

他們怎麼也想不通，就去請教一位經濟學泰斗。泰斗仔細聽了他們的故事後，無比激動地說：「兩百萬啊！兩百萬啊！我代表祖國和人民感謝你們，你們僅僅吃了兩堆狗糞，就為國家的 GDP 貢獻了兩百萬啊！」

這個乍一看無比荒謬的笑話，經常被拿出來調侃 GDP，或譏諷經濟學家。網上甚至有人斥為「狗糞經濟學」。好端端的一個 GDP，被這則無厘頭的虛構故事惡搞得顏面無光。

GDP，中文叫國內生產總值（Gross Domestic Product，簡稱 GDP），是指一定時間內（通常為一個季度或一年），一個國家（地區）生產最終商品和服務的總值。GDP 是國民經濟核算的核心指標，也是衡量一個國家或地區經濟狀況和發展水準的重要指標。經濟學家薩繆森將 GDP 形象地比喻為氣候學裡的衛星雲圖，能夠提供經濟狀況的完整圖像。二〇一二年，GDP 世界排名前三依次為：美國，十五點四二六五兆美元；中國，八點二六二二兆美元；日本五點九六三九兆美元。

因為 GDP 是宏觀經濟的晴雨表，聯合國的很多決策都與 GDP 有關。例如繳納聯合國會費，就是根據「連續六年的 GDP 和人均 GDP」；世界銀行在決定某個國家的貸款優惠與否，也是根據該國的「人均 GDP」。

GDP 在核算時，依據法人單位從事的主要活動，將其劃分為不同行業，分別計算各個行業的增加值，再將各行業的增加值匯總得到 GDP。由此可見，上述笑話中的「交易」，就算真實發生也不會計入 GDP 中，這就好比張三給了李四精神賠償一百萬，這個一百萬也不會納入 GDP 的統計中，或者張三李四等人天天賭博，今天你贏明天我贏，口袋裡的錢流來轉去，累計的數字無論多少，都與 GDP 無關。

對於 GDP，不少人在認知上有些迷思。第一，GDP 增長

不等同於社會福利的同步增加；第二，GDP 的增長不等於品質的增長和公平的增長；第三，人均 GDP 有可能模糊了人們對貧富差異的認識；第四，GDP 作為反映經濟發展的指標，也有灌水的成分，因此並非越多越好，關鍵是生產出來的東西用在什麼地方。例如在對人民生活和社會發展有益的地方，GDP 越多越好；如用在軍備競賽、戰爭、重複性建設、大吃大喝等方面，這種 GDP 就是消耗資源和破壞生態環境後的無效生產。

綠色 GDP 的思想，由英國著名的經濟學家希克斯，在一九四六年的著作中提出，也叫可持續性收入，是指一個國家或地區在考慮自然資源（主要包括土地、森林、礦產、水和海洋）與環境因素（包括生態環境、自然環境、人文環境等）影響後，經濟活動的最終成果。也就是說，要從現行統計的 GDP 中，扣除環境汙染、自然資源退化、教育低下、人口數量失衡、管理不善等因素引起的經濟損失成本，從而得出真實的國民財富總量。綠色 GDP 實質上代表了國民經濟增長的淨正效應。綠色 GDP 占 GDP 的比重越高，表明國民經濟增長的正面效應越高。因此，綠色 GDP 的概念，近年越來越受到世界各國的重視。

破壞不是利潤：破窗理論

經濟學的破窗理論認為：假如一個小孩打破了窗戶，必將導致被破窗人更換玻璃，這樣就會使安裝玻璃的人，和生產玻璃的人有工作機會，從而推動社會就業。

我們經常聽到一些經濟學家大談破窗理論：一九九八年南方大洪水，有專家說壞事中也有好事，災後重建將擴大內需，拉動經濟；二〇〇八年汶川大地震，有學者曾撰文分析，依照破窗理論，中國的經濟將會因此加快增長；而在美國的九一一事件後，也有教授用破窗理論來論證。

早在十九世紀，經濟學家巴斯夏就有對此批評，而破窗理論本身，只是巴斯夏為了批評而設的靶子。在巴斯夏《看得見的與看不見的》一書中，有如下文字：

「你是否見過這位善良的店主——詹姆斯·B·薩姆納先生生氣的樣子？當時，他那粗心的兒子不小心砸破了一扇窗戶玻璃。如果你置身於這樣的場合，你恐怕會看到這樣的情景：每個路人，看到這種局面的每個人，都會不約而同地安慰這位不幸的店主：『不論發生什麼不幸，總有人會得到好

處。人人都得過日子呀，如果玻璃老是不破，要玻璃工做什麼呀？』

這種千篇一律的安慰已經成為一種理論，我們將用這個簡單的例子來說明這一理論，就會發現：這樣的理論引導著絕大多數的經濟制度。

假定這塊玻璃值六法郎，你就會說：這個事故為玻璃工帶來六法郎的生意。它提供了六法郎的生意，我絕不會說這不對，你的話很有道理。於是這位玻璃工趕來，履行自己的職責後，拿到六個法郎在手裡掂量，心裡感激那個莽撞的孩子。這些我們都能看到。

但是另一方面，假如你得出結論——人們確實常常得出這樣的結論——說打破玻璃是件好事，說這能使資金周轉，由此能促進工業發展，那就容我大喝一聲：『住嘴！你的理論只看到了其中一面，而沒有考慮看不到的一面。』」

什麼是你看不到的那一面？巴斯夏指出：由於這位店主在這件事上花了六法郎，他就不能用這六法郎辦別的事了。因此，你看到的是他因修理一塊玻璃而「推動經濟」，你沒有看到的是，如果他不用修補這善窗戶，或許就可以換掉自己的舊鞋，或者為自己的書架上添一本新書。簡而言之，整個經濟是一個整體，如果窗戶沒有破，鞋匠（或別的什麼人）就會增加六法郎的營業額，但我們卻看不見。

最後，巴斯夏推導出結論：「有些東西被毫無意義地破壞，社會就損失了某些價值。」他認為：「破壞、損壞和浪費，並不能提高國民勞動力，或者簡單地說，『破壞並不是利

潤』。」

　　窗戶被打破了，財富是被消滅了，如果破窗能夠促進經濟成長，那麼只需要不斷搞破壞就行了。戰爭、海嘯、地震之類的天災人禍，難道都能促進經濟？破窗理論錯得這麼離譜，因此巴斯夏將破窗理論定義為「破窗謬論」。那為什麼仍有不少人捧著巴斯夏為立靶而提出的「破窗謬論」，恐怕與GDP 崇拜有關，而這種唯 GDP 為上的人，如同我們在上一節裡說的「狗糞經濟學」一樣可笑、可悲。

　　值得指出的是，在心理學上也有一個「破窗效應」，由詹姆士·威爾遜及喬治·凱林提出，以〈被打破的窗戶〉為題，刊登在一九八二年的《大西洋月刊》上。該效應認為，環境中的不良現象如果被放任存在，就會誘使人們仿效，甚至變本加厲。就像一扇窗戶被打破，如果沒有修復，將會導致更多的窗戶被打破，甚至整棟樓被拆毀。有時候，「破窗效應」也被翻譯成「破窗理論」。因此，當我們聽到「破窗理論」時，指的可能是經濟學上的「破窗謬論」，也可能是指心理學上的「破窗效應」，但只要聯繫一下上下文，就不難區分開來。

買房者的噩夢：房地產泡沫

伴隨著房價十年來的節節攀高，房地產泡沫被越來越多的經濟學家提及。房地產泡沫可理解為，房地產價格在一個連續過程中持續上漲，這種價格的上漲使人們產生價格會進一步上漲的預期，並不斷吸引新買者。而隨著價格不斷上漲與投機資本的持續增加，房地產價格遠遠高於實體價格，由此導致房地產泡沫。

房地產泡沫經濟由大量投機活動支撐，其本質就是貪婪。泡沫再大再美，停留的時間也不會太長，一陣微風、一次光照，就足以讓其化為烏有。

史上最初的房地產泡沫可以追溯到一九二〇年代中期。那時，美國經濟出現了短暫繁榮，建築業日漸興盛。據統計，到一九二五年，佛羅里達州僅有七點五萬人的邁阿密市，居然出現了兩千多家地產公司、二點五萬名地產經紀人，平均每三位居民就有一位專做地產買賣。當時，人們的口頭禪就是「今天不買，明天就買不到了」！在這種狂潮的催動下，一向保守冷靜的銀行界也紛紛加入炒房行列。一九二六年泡沫破裂，引發了華爾街股市的崩潰，最終導致

了一九三○年代的經濟大恐慌。

而二十多年前，日本又重蹈覆轍，再次上演一場轟轟烈烈的房地產泡沫。

一九八五年，在「廣場協議」的推動下，日元大幅升值，房市急遽升溫；一九八六年到一九八九年，日本的房價整整漲了兩倍。受房價驟漲的誘惑，許多日本人開始失去耐心，他們發現炒股票和炒房地產更容易賺錢，紛紛拿出積蓄投機；一九八九年，日本的房地產價格已飆升到十分荒唐的程度，當時國土面積相當於美國加利福尼亞州的日本，其地價市值總額，竟相當於整個美國地價總額的四倍；到一九九○年，東京房地產的市場總價，竟然相當於全美的房地產總價。也就說，賣掉東京的房子，可以買下全美的房子！

荒唐總要終結，泡沫難免破滅。一九九一年開始，國際資本獲利後撤離，由外來資本吹大的日本房地產泡沫迅速破滅，房地產價格隨即暴跌。到一九九三年，日本房地產業全面崩潰，企業紛紛倒閉，遺留下來的壞帳高達六千億美元。

這次泡沫不但給了房地產業沉重的打擊，還直接引發嚴重的財政危機。銀行在巨額壞帳、呆帳的重負下，不得不舉起了破產的「白旗」，就連貴為世界第九大銀行的日本長期信用銀行，也難逃厄運，時任總裁的大野木克信被關進了監牢。相關產業也都牽涉其中，整個日本經濟受到重創。此後十年，日本長期蕭條，被經濟學界稱為「丟失的十年」。

繼日本之後，泰國、馬來西亞、印尼等東南亞國家的房地產泡沫也有慘痛的經歷，其中以泰國尤為突出。一九八○

年代中期，泰國政府把房地產作為優先投資的領域，並陸續發表了一系列刺激性政策，由此促生房地產市場的繁榮。波斯灣戰爭結束後，大量開發商和投機者紛紛湧入房地產市場，加上銀行信貸政策的放任，促成了房地產泡沫。與此同時，大量外國資本也進入東南亞其他國家的房地產市場，進行投機性活動，最終導致房地產市場供給大大超過需求，造成巨大的泡沫。在金融危機爆發前的一九九六年，泰國的房地產業已危如累卵，房屋空置率持續升高，辦公大樓空置率竟達百分之五十。一九九七年東南亞金融危機爆發，泰國等東南亞國家的房地產泡沫徹底破滅，並直接導致各國經濟嚴重衰退。

東南亞金融危機也直接導致了香港房地產泡沫的破滅。據專家計算，從一九九七年到二〇〇二年五年的時間裡，香港房地產和股市總市值共損失約八兆港幣，比香港同期的生產總值還多。而對於普通香港市民而言，房地產泡沫破滅的歷史更是不堪回首，香港平均每位業主損失兩百六十七萬港幣，十多萬人由百萬「富翁」一夜變成了百萬「負翁」。

那要如何判斷房地產泡沫是否存在？國際上通用的方法，有房價收入比與租售比。

所謂房價收入比，是指住房價格與城市居民家庭的年收入比。以北京為例：二〇一三年，一套四環邊上的八十平方公尺，二房，單價約為四萬／平方公尺，總價為三百二十萬；若以工作五年的中產階級家庭為單位買房，假設夫婦月薪水為七千五百元，則家庭月收入達到一萬五千元，年收入為

十八萬元。這樣房價收入比則為十七點八，嚴重偏離合理的房價收入比（國際通常標準為四到六之間）。

所謂租售比，通俗的說法是房屋月租與房屋總價的比值。房屋租售比這個概念，是國際上用來衡量某地區房市運行是否良好的指標之一，國際標準通常為一比兩百到一比三百。還是以前述三百二十萬的房子為例，其月租約為六千元，那麼其租售比為一：五百三十三。

從以上兩個數據來看，似乎北京的房地產泡沫已日漸嚴重；事實上，全中國房地產的房價收入比與租售比，均遠遠高於國際通常標準，而最近的鄂爾多斯與溫州的房價下跌，也為房地產泡沫化做了註腳。

這一切是否就意味著：中國的房地產已經處於泡沫破裂的前夜？讓我們拭目以待。

死亡也要交稅嗎：遺產稅

　　究竟什麼是遺產稅？哪些國家在徵收遺產稅？國外遺產稅的起徵點是多少？是如何計算稅率的？開徵遺產稅於國於民有哪些利弊？

　　顧名思義，遺產稅是指一個國家或地區對死者留下的遺產徵稅，國外有時也直接稱其為「死亡稅」。 最早的遺產稅始於古羅馬帝國，距今兩千年，現代意義的遺產稅則始於四百年前。截止到二○一○年年底，全球有八十五個國家（三十七億人）徵收遺產稅或變相遺產稅，已開發國家基本上都有遺產稅，如美國、法國、日本。

　　美國遺產稅沒有起徵點，一萬美元（含一萬）以下的稅率為百分之十八，階梯式遞增稅率，一百五十萬美元以上的稅率為百分之四十五，遺產遺留人死亡前三年的財產贈予也在開徵之列。美國的遺產稅在二○一○年停徵一年，二○一一年恢復徵收。

　　法國父母與子女之間的遺產稅起徵點為七千六百九十九歐元，稅率為百分之五，然後階梯式遞增，超過一百七十二

萬兩千一百歐元，稅率為百分之四十；若是兄弟姐妹之間的遺產稅，則稅率更高，最高會達到百分之四十五；若是遠親之間的遺產稅，最多須交百分之六十，其中有一些煩瑣的計算方法以及免稅優惠，但限於篇幅就不逐一列舉。

日本的稅率是一千萬日元以下徵收百分之十，稅率依次遞增，最高的稅率是超過三億日元，徵收百分之五十。這是二〇〇三年的稅制改革之後的稅率，之前的最高稅率高達百分之七十。

遺產稅能防止貧富過分懸殊，此外還有利於培育社會勤勞致富的意識和品質，激發富二代、富三代自強自立，擁有創造財富的動力，推動社會財富分配的公平正義，也能增加國家稅收。

台塑集團創辦人王永慶去世後，在臺灣留下價值逾六百億新臺幣的遺產。扣除配偶的一半，還有三百多億元須繳稅。這三百多億扣除捐贈、免稅、扣除額等，遺產淨額大約兩百三十八億。二〇一〇年，臺灣稅務部門核定其繼承人，按照百分之五十的遺產稅稅率，須繳遺產稅一百一十九億元，創下臺灣最高的遺產稅紀錄。由於王永慶是在二〇〇八年十月十五日過世，而臺灣將遺產稅最高稅率降為百分之十是在二〇〇九年一月，因此仍適用最高百分之五十的舊稅率。有人開玩笑說：如果王永慶多活三個月，後代將會少繳九十五億的遺產稅。

在各國的遺產稅徵收中，都是實行個人主動申報制；如果不主動申報，懲罰將會非常嚴厲。

臺灣一位黃姓富人，留下一塊價值數億的土地遺產，但家屬最後僅僅得到新臺幣六十一元。原來：該人於一九九四年去世，直至二○○一年，其家屬二十七年來一直未申報遺產稅。直到稅務部門發現，核定遺產總額二點四億多新臺幣，扣除遺產稅、罰款、滯納金、利息、增值稅，遺產只剩六十一元。

從「蒜你狠」到「豆你玩」：熱錢

從「蒜你狠」到「豆你玩」、「薑你軍」，再從「糖高宗」到「油你漲」、「蘋什麼」……二〇〇九年開始，中國農產品價格輪番急遽上漲，新詞也層出不窮。為了應對，不少人乾脆成為「海豚族」（大量囤積一族）。

一時間，那些昨天還在炒房、炒股、炒期貨的人，似乎在一聲令下後轉移了戰場。先是局部地區的大蒜價格瘋漲，然後綠豆、黑豆的價格也節節高升，此後黃金、藝術品的價格也暴漲數倍。「炒房團」眼看要成為歷史，現在是「炒菜團」、「炒金隊」的天下。

若是將這些「炒貨」們放在顯微鏡下分析，就會發現：無論炒作對象如何高頻率更迭，炒作的主體都是——熱錢（Hot Money）。熱錢，又稱遊資（Refugee Capital）或叫投機性短期資本，指那些只為追求最高報酬，以最低風險在國際金融市場上迅速流動的短期投機性資金。在目前語境下，熱錢大致可以定義為：外匯儲備增量扣除貿易順差與外商直接投資後，剩餘無法解釋的部分。

從二〇〇一年至二〇一〇年十年間，伴隨人民幣匯率的一路走高，流入中國的熱錢平均每年有兩百五十億美元，相當於中國同期外匯儲備的百分之九。這些熱錢在享受人民幣升值套匯利潤的同時，乘機在房地產市場、債券市場、股票市場以及其他市場不斷尋找套利機會，最明顯的又莫過於房地產市場。近十年來，中國房地產價格直線上升，全中國房地產價格漲幅在百分之十二以上，遠遠超過消費者物價指數，尤其在北京、上海、杭州、南京等大城市，房地產每年價格上漲百分之二十以上，有時甚至達到百分之五十。而能夠吸引國際熱錢進入中國房市一個很重要的理由，即人民幣的預期升值。

　　隨著熱錢的炒作，中國的民間資本也不甘寂寞，紛紛加入這場炒作「盛宴」。國際熱錢與中國國內遊資內外呼應，推波助瀾，將正常的經濟秩序弄得風生水起。「蒜你狠」、「豆你玩」之類的農產品炒作，主要就是民間資本所為，而民間資本之所以熱衷於炒作這些，根源在於投資管道狹窄，就好比水位高但水路不暢的河流，難免四處泛濫。而未來民間資本將以怎樣的面貌出現，是雪中送炭，還是繼續火上澆油，炒作不休的熱錢，取決於國家放手壟斷行業的決心，以及對民間資本權益的尊重。資本天生具有逐利性，具有敏銳的觸角，只要投資的機會優於投機，資本就會捨棄投機轉向投資，踏踏實實在實業領域。

算算你小康了沒有：恩格爾係數

　　若要評定一個國家或一個家庭的富裕程度，恩格爾係數是一個非常科學的方法。恩格爾係數不糾纏於財富的數額，而是以另一個視角，透過食品支出總額占個人消費支出總額的比重，來估算富裕程度。

　　在十九世紀，德國統計學家恩格爾根據統計資料，分析消費結構的變化得出一個規律：一個家庭收入越少，家庭消費中食物的支出比例就越大，而隨著家庭收入的增加，家庭消費中食物的支出比例則會下降。推而廣之，一個國家越窮，每個國民的用於食物的支出在總支出的比例就越大，國家越富裕，這個比例就呈下降趨勢。

　　人的一切消費欲望，都是建立在吃飽的基礎上的。在收入水準較低時，食物在消費支出中必然占重要地位；隨著收入的增加，在食慾需求基本滿足的情況下，消費的重心才會開始向穿、用等其他方面轉移。因此，一個國家或家庭生活越貧困，恩格爾係數就越大；反之，生活越富裕，恩格爾係數就越小。假設在一個三線城市裡的三口之家，家庭月收入為八千元，月開銷為五千元，其中每月花費兩千元的食品支

出。那麼，這個三口之家的恩格爾係數為：

2000÷5000×100%=40%

這個三口之家的生活，介於小康水準與富裕之間。根據聯合國糧食及農業組織提出的標準，恩格爾係數在百分之五十九以上為貧困，百分之五十到百分之五十九為溫飽，百分之四十到百分之五十為小康，百分之三十到百分之四十為富裕，低於百分之三十為最富裕。查了一下二○一二年中國城鄉居民家庭的恩格爾係數，分別為百分之三十七點一和百分之四十點八。那麼這個三口之家的富裕程度，還沒達到城鎮居民的平均水準。

曾在網路上看到一位網友的留言：

「我是北漂族，月入一萬，一年到頭能存兩萬就算不錯了。我每月花在食品上的開銷最多兩千元，那麼我的恩格爾指數大約是百分之二十四——難道我屬於富足的人了嗎⋯⋯」

貼文後面，是一大串流淚的圖標。北京房貴，北漂不易。月入一萬貌似不少，但就別想買房（有富爸爸另說），租房也要節省，八十平方公尺的兩居室，不可能住在二環，三環月租怎麼也得六千元以上，四環以內一個月少於五千元有難度，五環內一個月至少也要四千元，因此最好是合租，否則光是房租就花掉一半薪水。剩下的五千元，要吃飯，要搭車，要準備逢年過節回老家的費用。

這個恩格爾係數「最富裕」的人，其實過得一般般。問

題出在哪裡？

在實踐中，不同國家和地區之間的消費結構和物價水準不同，恩格爾係數會出現較大的差異。例如北京的房價五到十萬／平方公尺，內地三四線城市的房價也就五千上下／平方公尺，房價存在十到二十倍的差距（租金的差距高達十倍左右），而食品的價格差異不大，薪水的差異也不過三倍，這就導致在北上廣的租房族看似富足，實則有苦難言。

我們前面説過：聯合國有劃分貧窮、富足的恩格爾係數標準，但放到了各個國家，執行的標準也有差異。以美國為例，從一九六五年到一九八〇年的時間裡，恩格爾係數只要超過百分之三十三，即為貧窮。他們假設一個四口之家的生活預算中，三分之一用於食物，三分之一用於住房，三分之一用於衣物、家具、交通、衛生保健、水暖電氣、各種稅收、文藝等項。在這個生活預算中，住房的三分之的開銷是必要支出，所以食品開銷如果超出三分之一，就會壓縮到必需開銷，因而就是貧困。

加拿大的貧困標準又不同，他們認為：需要度量的不僅是食品的消費，還包括穿和住。他們將吃、穿、住三項加在一起計算恩格爾係數，這三項開銷加起來，只要超過生活總開銷百分之六十二，即為貧窮。

儘管恩格爾係數有各種估算標準，但總的來説不失為一個科學評價富裕程度的標準。只是，在運用這一標準對比國際和城鄉時，要考慮到那些不可比的因素，如商品價格的不同、居民生活習慣的差異，以及社會經濟制度不同產生的特

殊因素，應相應的剔除。另外，在觀察歷史情況的變化時要
注意：恩格爾係數反映的是一種長期趨勢，而不是逐年下降
的絕對傾向，它是在熨平短期的波動中求得長期的趨勢。

錢是怎麼變毛的：CPI

　　家財萬貫，很多人都夢寐以求；但是，如果你擁有的是上兆辛巴威幣，想成為富翁恐怕還要很久。

　　二○○九年年初，辛巴威首都哈拉雷，一位婦人抱著一捆總值三兆的辛巴威幣坐公車。司機瞄了一眼，完全懶得清點，直接收下當了車票錢。在那時的辛巴威，幾兆的金額一般不用點數，用尺大致量一下鈔票的高度，或者乾脆就目測。而婦人的三兆巨款，折合成當時的人民幣也就三點五元。

　　在二○○八年七月，辛巴威 CPI 創造了一個天文數字：百分之二點三億。次年的一月，辛巴威央行發行一百兆辛巴威幣的大鈔，一的後頭有十四個○。因為鈔票上的○太多，一般的計算機都不能用（沒有這麼多位數字），做生意的只能靠紙筆計算。而那些幾千萬面額的「小額」紙鈔，掉在地上連小孩也懶得去撿，因為連一百億也買不到一顆糖——換成人民幣還不到一點二分錢。

　　因為貶值太快，不少地方更熱衷於以物易物。在辛巴威

農村，農民拿羊肉，雞和一桶桶玉米去商店換東西。在以物易物時，商店老闆也會用一些糖果之類的小東西當「零錢」找零；而如果顧客不要這些小東西，老闆會用筆記下來，下次這個顧客再來時可以適當優惠。不少農民坐汽車時，也會隨身帶些農產品充當車資。有一次，一個農民帶了一隻母雞作為汽車車資，因為他的雞比較大，半路上覺得自己吃了虧，但又不想要司機找自己紙幣。恰好此時他的雞下了個蛋，農民就問司機：你要這顆雞蛋嗎？司機也看出了農民的心事，就大方而幽默地說：好，這個雞蛋就當找你的零錢吧。

想一想，十年前一百元進超市能買一堆菜，一般還有找零，現在隨便在超市買一點菜就一百多元。錢不經用了，這是所有人普遍的感覺，在人生的旅途上，有一個和你的收入增速競賽的對手，叫 CPI。CPI 是消費者物價指數的英文縮寫（Consumer Price Index），是根據居民生活的相關產品及勞務價格，統計出來的物價變動指標，通常用來觀察通貨膨脹（或緊縮）的程度。

在計算 CPI 時，不同國家的構成略有差異，各類別的權重也不相同。以中國為例，其 CPI 的構成和各類別的權重如下：

(1) 食品，百分之三十一點七九

(2) 菸酒及用品，百分之三點四九

(3) 居住，百分之十七點二二

(4) 交通通訊，百分之九點九五

(5)　醫療保健個人用品，百分之九點四六

(6)　衣著，百分之八點五二

(7)　家庭設備及維修服務，百分之五點六四

(8)　娛樂教育文化用品及服務，百分之十三點七五

　　CPI 的增長率在百分之二到百分之三屬於可接受的範圍，當然也還要看其他數據。當 CPI 大於百分之三的增幅時，我們稱為通貨膨脹；CPI 大於百分之五的增幅時，就是嚴重通貨膨脹。

　　除了通貨膨脹不受歡迎外，通貨緊縮也是經濟的大敵。通貨緊縮是一種金融危機，與通貨膨脹引起物價持續上漲、貨幣貶值影響人們的日常生活一樣，通貨緊縮也是與每人息息相關的經濟問題。通貨緊縮是指社會價格總水準，即商品和勞務價格的水準持續下降，貨幣價值持續升值的過程。在一些主要已開發國家，如日本，通縮問題已經成為影響其經濟的最主要因素。

　　當 CPI 小於零時，稱為通貨緊縮。與通貨膨脹相反，通貨緊縮意味著消費者購買力增加，但持續下去會導致債務負擔加重，企業投資收益下降，消費者消極消費，國家經濟可能陷入價格下降與經濟衰退惡性循環的嚴峻局面。通縮的危害表現在：物價下降，卻讓個人和企業的負債增加，因為持有資產的實際價值縮水，對銀行的抵押貸款卻沒有減少。比如人們借貸購房，通縮可能使購房人擁有房產的價值，遠遠低於他們所承擔的債務。歷史上曾出現過通貨緊縮，最典型

的是一九二九年至一九三三年的經濟大恐慌。

經濟大恐慌是二十世紀持續時間最長、影響最廣、強度最大的經濟衰退。從美國開始蕭條，以一九二九年九月四日的股市下跌為起點，到十月二十九日發展成華爾街股災，席捲了全世界。經濟大恐慌對已開發國家和開發中國家帶來了毀滅性打擊，全世界的主要城市均遭到重創，特別是依賴重工業的地區。許多國家的建築工程無法進行，農產品價格下降約百分之六十，重擊了農業。由於沒有可替代的工種，第一級產業中的經濟作物、採礦、伐木受到最嚴重的波擊。人均收入、稅收、盈利、價格全面下挫，國際貿易銳減百分之五十，美國失業率飆升到百分之二十五，有的國家甚至達到了百分之三十三。有的經濟體在一九三〇年代中期就開始逐漸恢復，但多數國家直到二戰結束後才喘過氣來。

CPI 過高不好，太低也不好。在高速發展的情況下，百分之二到百分之三屬於最佳。而在歐美等已開發國家，百分之一到百分之二為最佳，因此在歐美，十年前的物價和十年後的物價相差不大，在中國則相反。

第七章
國際貿易常見術語

　　國際貿易，是指不同國家（地區）之間，商品和勞務的交換活動。國際貿易由進口貿易和出口貿易兩部分組成，故有時也稱為進出口貿易。

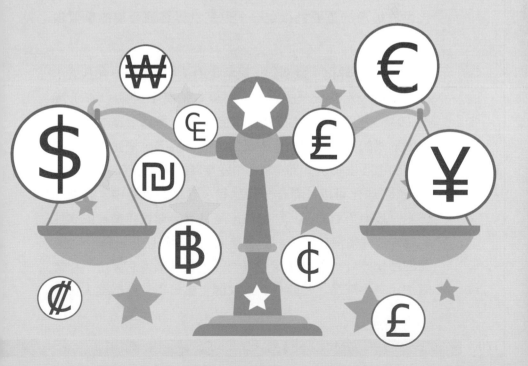

高鐵換稻米：經濟全球化

　　伴隨現代科技的迅速發展，時空距離日益縮小，國際交往日益也頻繁，整個地球就如同是茫茫宇宙中的一個小村落，經濟全球化就在這一背景之下應運而生。經濟活動超越國界，透過對外貿易、資本流動、技術轉移、提供服務、相互依存、相互聯繫形成全球有機經濟整體。經濟全球化是當代世界經濟的重要特徵之一，也是世界經濟發展的重要趨勢。

　　「經濟全球化」這個詞，最早是由Ｔ・萊維於一九八五年提出，至今沒有統一的定義。國際貨幣基金組織（IMF）認為：「經濟全球化，是指跨國商品、服務貿易、資本流動規模、形式的增加，在技術廣泛迅速的傳播下，增強世界各國經濟的相互依賴。」而經濟合作暨發展組織（OECD）認為：「經濟全球化可以被看作一種過程，在這個過程中，經濟、市場、技術與通訊形式，都越來越具有全球性特徵，民族性和地方性特徵則在減少。」據美國《洛杉磯時報》介紹：「美國的芭比娃娃，原料產自中東地區，在美國得克薩斯州和臺灣加工為半成品，包裝材料是美國，由日本生產假髮，在中

國加工。」

　　總的來講，在經濟全球化的進程中，得以在更大的範圍進行社會分工，資金、技術等生產要素，可以在國際社會流動和優化配置，由此可以帶來巨大的分工利益，推動世界生產力的發展。

　　作為開發中國家，我們可以利用國際貿易，引進先進的技術和管理經驗，以實現產業結構高級化。通俗地説：只有手裡擁有了高科技、高附加價值的產品，才能在國際貿易中賣到好價錢。

　　如同硬幣有正反兩面，經濟全球化的負面效應也不少，例如：全球經濟的不穩定將成為一種常態。在「經濟全球化」過程中，各國經濟的相互依賴性空前的強大，不少國家的對外貿易依存度已超過百分之三十，個別國家則達到百分之五十到百分之六十。在這種環境下，經濟波動和國際傳染危機便成為常態，且是不可避免。任何一個國家的內部失衡，都會反映為外部失衡，進而影響到與其具有緊密貿易和投資關係的國家，最後極有可能將所有國家不同程度地都引入失衡與危機。二○○八年美國的次貸危機，很快傳染到整個歐洲地區以及東南亞，從而形成嚴重的地區性金融危機，隨後又波及拉丁美洲，形成了實際上的全球性金融震盪。

　　國際熱錢的流竄，也是全球經濟不穩定的重要根源之一。作為一種超越國界的巨大的金融力量，國際熱錢一次又一次扮演了全球性金融動盪的製造者或推動者。一九八○年代初的拉丁美州債務危機，一九九四年的墨西哥匯率危機，

一九九七年的東南亞金融危機，每次都體現了國際遊資的巨大破壞力，還有二〇〇八年的美國次貸危機，以及衍生的歐債危機。儘管各國經濟學家們一直在探索控管國際遊資的方法，許多深受遊資衝擊之苦的國家也曾努力加強資本管制，但是目前來看，這些探索的成效並不明顯。

但總的來說，經濟全球化的利益遠大於弊。

空姐代購被判刑：關稅

　　二〇一二年七月，一位李姓前空姐的走私案在網路上流傳。因多次攜帶從韓國免稅店購買的化妝品，未申報入境，李某被法院認定逃漏關稅一百〇九萬餘元。一審法院以「走私普通貨物罪」，判處李某和男友有期徒刑各十一年、七年，各科罰金五十萬元、二十五萬元，另一從犯也被判處七年有期徒刑，並科罰金三十五萬元。李某等不服判決，上訴至北京市高級人民法院。

　　二〇一三年五月，北京市高級人民法院以事實不清、證據不足撤銷原一審判決，該案被發回重審，並於同年十月在北京市二中院再次開庭。發回重審之後，二中院以實際貨物為準重新計算，核定偷逃稅款金額約為八萬元。

　　曾經是空姐的李某，離職後與男友在淘寶網開了一家名為「空姐小店」的化妝品店，並透過在韓國 SAMSUNG 公司工作的朋友，以對方提供的韓國免稅店帳號進貨。幾年後，李某與男友從韓國回國，在首都國際機場入境時，被海關人員查出六包已拆封、總價值約十萬元的化妝品。根據規定：每位入境旅客可以攜帶價值上限為五千元的自用品，超出

部分則需主動向海關申報、完稅，否則就屬於逃稅。因為走私，李某與男友被處以刑事拘役。

「走私」這個刑法罪名，在一般人的印象中，似乎總是與汽車、石油之類的大宗商品有關。沒想到，走私化妝品也會違法。近年來，海外代購在中國非常流行，代購的商品從國外奢侈品到普通的民生用品，甚至嬰幼兒奶粉，也流行起海外代購。根據中國電子商務研究中心的數據：二〇一二年全年，中國海外代購市場交易規模已達到四百八十三億元，較去年增長百分之八十二點三；二〇一三年的交易規模，更是達到七百億左右。人們之所以熱衷於海外代購，是因為這些代購品比中國國內便宜很多，而之所以便宜，是因為相比正常入關的商品而言，這些代購的商品都少了關稅。

那什麼叫關稅？為什麼國際貿易中需要徵收關稅？

關稅，是指一國海關根據該國法律規定，對通過關境的進出口貨物課徵的一種稅收。關稅在各國，一般屬於國家最高行政單位指定稅率的高級稅種，每個國家都會對進出口的商品，根據其種類和價值徵收一定稅款。一般而言，當一國的經濟實力強大，在國際競爭中處於優勢時，往往奉行自由貿易政策，關稅體現的主要是稅收的職能；反之，當一國經濟發展落後，國際競爭力不強時，則往往奉行貿易保護主義政策，這時候關稅的保護職能居於重要，甚至主要地位。

二〇一三年二月，在參加了歐洲足球俱樂部協會的會議後，拜仁慕尼黑足球俱樂部的 CEO 魯梅尼格，從卡達回到德國。在接受海關例行的通關檢查時，魯梅尼格被查出有兩支

勞力士手錶沒有主動申報。當時魯梅尼格的理由是，手錶是友人送的，自己不知道其中的價值，以為可以免稅，但根據德國海關的規定，超過四百五十歐元的物品必須申報通關。據德國媒體《圖片報》的消息稱，這兩支手錶的總價值接近十萬歐元。之後魯梅尼格很快補交了關稅，但其涉嫌「走私」名錶，需繳納的罰金數額當時尚未確認。德國媒體稱，魯梅尼格的罰金可能會超過三十萬歐元。

事實上，這已經不是拜仁人第一次在關稅問題上遇到困難了。二〇〇六年，拜仁中場大將巴拉克，因有一個價值兩千歐元的手提包沒有申報，被罰款七萬歐元；二〇一一年，拜仁「獅王」卡恩，因為一套價值六千六百八十八歐元的高級訂製服裝沒有申報，而被罰款十二萬五千歐元。

近年來，人們去境外旅遊已日趨普遍，在境外瘋狂購物並不鮮見；但是，如果境外購物不申報關稅，達到一定數額，就可能會被刑法處罰。限於篇幅，有些細則就不再著墨，希望各位讀者朋友在入關前務必謹慎，以免誤犯刑法。

外貿之痛：匯率

　　在兩個相鄰不遠的海島上，各住著一群猴子與一群綿羊。猴子住的島嶼上是大片森林，綿羊住的島嶼則是一片青草地。每到冬天，猴子們在森林裡凍得瑟瑟發抖，綿羊們則因為沒有足夠的青草餓得頭昏眼花。

　　聰明的猴王想了一個辦法，牠在一個夏日游泳到綿羊的島上，和綿羊們達成協議：由綿羊們提供羊毛衣給猴子冬天禦寒，猴子則採摘猴島上的樹葉作為綿羊冬天的食物。為了公平起見，它們根據勞動的強度，協商出十筐樹葉換一件羊毛衣的辦法。

　　因為綿羊的羊毛是春秋修剪，因此還沒到冬天，綿羊就將很多羊毛衣送到了猴島。猴子想要將對應的樹葉給綿羊，但綿羊說要冬天才需要，於是猴子便在海邊撿了一些貝殼，在貝殼上打記號，交給綿羊：一件羊毛衣給一個貝殼，綿羊可以用這個貝殼，從猴子那裡交換到十筐樹葉。

　　到了冬天，綿羊就拿貝殼來換取樹葉。有些沒有貝殼的綿羊餓得慌，猴子們也把樹葉給沒有貝殼的綿羊，條件是這

些綿羊在今後需要給猴子等價的羊毛衣。作為日後交割的憑證，綿羊也撿了貝殼，打上自己的記號，一筐樹葉一個貝殼，十個貝殼換一件羊毛衣。

幾年後，猴島和綿羊島的動物們，冬天不再受餓受凍；而在牠們手裡，都擁有了對方不少貝殼。

在以上的故事裡，猴島與綿羊島其實就是在做國際貿易，牠們手裡存放的對方的貝殼，就叫外匯儲備。猴島的「猴幣」與綿羊島「羊幣」，匯率是一比十。「匯率」亦稱「外匯行市」或「匯價」，是一國貨幣兌換成另一國貨幣的比率，以一種貨幣表示另一種貨幣的價格。由於世界各國貨幣的名稱不同，幣值不一，所以一國貨幣對其他國家的貨幣要規定兌換率，即匯率。

在金本位的制度下，最初是金幣本位制，然後發展到金塊本位制。在第一次世界大戰的炮火聲中，金塊本位制退出了歷史舞台；而第二次世界大戰後，建立了以美元為中心的國際貨幣體系，這叫金兌匯本位制。美國國內不流通金幣，但允許其他國家政府以三十五美金一盎司的官價，向美國兌換黃金。美金直接與黃金掛鉤，各國貨幣則與美金掛鉤——這也是「美金」稱呼的由來。但因為美國的黃金儲備趕不上世界經濟的迅猛發展，美金的信譽受到置疑，各國紛紛拋出美元兌換黃金，美國黃金開始大量外流。到了一九七一年，美國的黃金儲備再也支撐不住日益泛濫的美元，尼克森政府被迫於這一年的八月，宣布放棄按照三十五美元一盎司官價兌換黃金的「金兌匯本位制」，實行黃金與美金比價的自由

浮動——美金就這樣變成了現在的美元。就像本節開篇的小故事裡，每一個貝殼都對應了實際的商品，因此匯率相對固定。

金本位制下的匯率固定，消除了匯率波動的不確定性，有利於世界貿易的進行。各國央行有固定的黃金價格，從而穩定貨幣的實際價值，但其弊端也很明顯：限制了貨幣政策應付國內均衡目標的能力。只有貨幣與黃金掛鉤，才能保證價格穩定，也就是說，貨幣供給受到黃金數量的限制，不能適應經濟增長的需要，黃金生產若不能持續滿足需求，央行就無法增加國際儲備；而當一國出現貿易赤字時，往往可能是由於黃金輸出，導致貨幣緊縮，而引起生產停滯和工人失業，也給黃金出口國很大的經濟壓力。

因為沒有黃金這一強勢貨幣作為擔保，在實行官方匯率的國家，匯率的波動開始加劇。例如辛巴威，發行了幾千萬元面額的紙幣之後，很快又發行十億，甚至百億級別的紙幣。毫無疑問，這樣的紙幣相對其他國家的匯率如火箭般上升，匯率的劇烈波動對國際貿易是毀滅性的打擊；當然，辛巴威的例子是特例，在正常的國家裡，匯率也會有所波動，但卻不會如此劇烈。

一般來說，本幣匯率降低，即本幣對外幣的比值貶低，能促進出口、抑制進口；若本幣匯率上升，即本幣對外幣的比值上升，則有利於進口，不利於出口。比方說，在人民幣與美元匯率八比一的時代，一件八百元的商品出口美國，售價為一百美元。但如果匯率升到六比一，這件八百元的商

品要賣一百三十三美元，售價提高，競爭力自然削弱；反過來，美國出口中國的商品，原先一百美元的商品，到中國要賣八百元，現在只要賣六百元，競爭力就大大增強。也莫怪以美國為首的歐美國家，不斷地要求人民幣升值。

二〇一三年十月十六日早盤，人民幣兌美元的詢價系統，報價漲了百分之〇點〇七，至六點〇九八三，突破前期低點六點一〇〇七。六點一被認為是二〇一三年，人民幣兌美元即期匯率的一個大關，受人民幣升值影響最直接的，無疑是進出口企業。人民幣持續升值也導致出口訂單的盈利能力大幅降低，利潤空間進一步收窄。根據一達通中小企業外貿研究中心日前發布的報告，其對珠三角範圍內一千多家中小微外貿企業進行調研後，發現目前有兩成的企業會因為匯率波動而推掉訂單。

但凡事有利也有弊，人民幣升值，對企業轉型是一件好事。專家表示：應對人民幣升值屬於技術層面的短期措施，從長期看，出口企業已到了必須轉型的關鍵階段。在人民幣升值的大趨勢下，企業應提前做好判斷，可嘗試部分產業轉移，把原來出口的基地轉移到生產成本更低的地方。

經濟聯合國：WTO

WTO 是世界貿易組織（World Trade Organization）的英文簡稱，其前身為關稅與貿易總協定。一九九五年一月一日，WTO 正式開始運作，負責管理世界經濟和貿易秩序，次年，關稅與貿易總協定就退出了歷史舞台。WTO 是具有法人地位的國際組織，在調解成員爭端方面具有極高的權威。截至到二〇一三年三月，WTO 擁有一百五十九個會員國，會員國貿易總額達到全球的百分之九十七，因此也被稱為「經濟聯合國」。

開發中國家若不想長期落後，就必須順應潮流，積極融入經濟全球化，加入 WTO，WTO 遵循以下市場經濟的運行原則：非歧視性貿易；可預見的、不斷擴大的市場准入；促進公平競爭；鼓勵發展與經濟改革；互惠互利……所有這些，對於一個致力於建設和發展市場經濟的國家來說，是一種難得的機遇。

央行真的很有錢嗎：外匯儲備

外匯儲備又稱為外匯存底，指一國政府持有的國際儲備資產中的外匯部分，即一國政府保有的，以外幣表示的債權。一個國家的外匯儲蓄，作用主要有四：一，調節國際收支，保證對外支付；二，干預外匯市場，穩定本幣匯率；三，維護國際信譽，提高融資能力；四，增強綜合國力，抵抗金融風險。

所謂外匯儲備，是怎麼來的？

國家企業或個人，出口商品或勞務賺進美元等外匯，再將這些外匯的一部分或全部，換成自己國家的貨幣。外商來投資，也往往需要將手中的部分或全部的外匯資金換成國內貨幣。銀行在保留一定額度的外匯用於日常業務後，將其餘外匯在外匯市場上賣出，外匯一旦被央行購買，就成為國家外匯儲備。

從以上的過程可以看出，外商、企業或個人並非把外匯無償交給央行，而是透過銀行賣給央行，並獲得了等值的貨幣。簡單地說，國家外匯儲備是央行用「發票據」這種買公

債的方式「買」來的，在央行的資產負債表上，資產方為外匯儲備，負債方則是等值的貨幣投放。好比你寫了十張欠據，跟親戚朋友借了一百萬美元，寫一百張欠據，就借了一千萬美元。這一百萬或一千萬美元，都不能算是你的淨資產。可見，國家的外匯儲備其實並非央行的「淨資產」，其背後對應的是等量負債。因此，央行即使擁有很多外匯儲備，從淨資產來說也不能叫「很有錢」。

值得指出的是：外匯儲備不能在境內使用。一群人努力生產的同時，也承擔著消耗資源、破壞環境的後果，換回一些鈔票。這些鈔票需要在境外兌現成等價商品回國，才不會損害國家的利益。

二○○九年，辛巴威發行了一百兆的鈔票，民眾個個都是兆級別的富翁；可是，在那裡一百億元也買不到一顆糖。可見紙上的富貴是虛的，貨幣需要看得見、摸得到的財富來支撐。

沒有硝煙的戰爭：傾銷與反傾銷

　　傾銷，是指一個國家或地區的出口經營者，以低於國內市場平均的價格，甚至低於成本的價格，向另一國的市場銷售其產品。傾銷是一種可以損害某一國或某地區產業的不正當競爭，其目的或是為了銷售過剩產品，或是為了維持生產規模，或是為了賺取外匯，但通常是為了排擠，乃至擠垮他國相同或類似的生產者，以實現壟斷市場、提高價格、獲取超額壟斷利潤。

　　傾銷是一種不正當的貿易手段，不僅會影響進口國的經濟發展，而且會擾亂國際正常競爭秩序。傾銷分為多個的種類，但最常見的，就是依據傾銷持續時間及危害程度來劃分，有以下三種：

　　一是偶然傾銷。是指某一商品的生產商為避免存貨的過量積壓，短期內向海外市場大量低價銷售該商品。這種傾銷方式是偶然發生的、一般無占領國外市場、排擠競爭者之目的，而且因為持續時間較短，不至於打亂進口國的市場秩序、損害其工業。因此，國際社會一般對這種偶發性傾銷不採取反傾銷措施。

二是惡意傾銷。又稱掠奪性傾銷，是指某一商品的生產商為了在某一外國市場上取得壟斷地位，而以低於國內銷售價格，或低於成本的價格向該國市場拋售商品，以期擠垮競爭對手後，再行壟斷高價，獲取高額利潤。這種傾銷行為違背公平競爭的原則，破壞國際貿易的正常秩序，衝擊進口國市場，受到各國反傾銷法的嚴厲抵制。

三是持續傾銷。又稱長期性傾銷，是指某一商品的生產商為了實現規模經濟效益的同時，維持其國內價格的平衡，而將其中一部分商品持續以低於正常的價格，向海外市場銷售。長期傾銷儘管不具占領或掠奪外國市場之目的，但由於它持續時間長、在客觀上進行了不公正的國際貿易行為，損害了進口國生產商的利益，因此通常受到進口國反傾銷法的追究。

除以上三種傾銷外，間接傾銷和社會傾銷的現象也已引起國際社會的重視，要求對其實行制裁的呼聲越來越高。間接傾銷通常也稱第三國傾銷，是指甲國的產品傾銷至乙國，再由乙國銷往丙國，並對丙國造成工業上的損害。在這種情況下，雖然乙國的出口商並沒有實際傾銷行為，但丙國相似的產品生產商可依反傾銷法，申請對乙國的生產商和出口商反傾銷調查，也可要求乙國對甲國的產品採取反傾銷措施。至於乙國當局是否會根據丙國的請求，對甲國的傾銷產品實施反傾銷措施，往往取決於乙國與丙國的政治與貿易關係。

社會傾銷最初僅指，出口犯人或苦役生產的廉價產品，從而能以極低的價格在國外銷售；現在也用來指，出口國利

用廉價的和缺乏保護的勞工,以遠低於市價的價格在工業化國家銷售產品,這就將其「社會問題」也傾銷到了進口國,其後果就是使後者失去就業機會,迫使進口國降低薪水和利益,使其價格結構更具有競爭力。已開發國家,特別是歐盟的貿易保護主義者,一直呼籲要制止這種社會傾銷。

有傾銷自然也就有反傾銷。反傾銷,指對外國商品傾銷到本國市場後,所採取的抵制措施。一般是對傾銷的外國商品在一般進口稅上,再增收附加稅,使其不能廉價出售,此種附加稅稱為「反傾銷稅」;另外一種措施是價格承諾:若出口商自願作出了令進口國滿意的承諾,修改價格、停止以傾銷價格出口,則反傾銷調查可能就會被暫停或終止。

世貿組織的《反傾銷協定》規定,一成員要實施反傾銷措施,必須滿足三個條件:第一,確定存在傾銷的事實;第二,確定對國內產業造成了實質損害或實質威脅,或對國內相關產業造成實質阻礙;第三,確定傾銷和損害之間存在因果關係。

商機無限：自由貿易區

　　自貿區，是自由貿易區的簡稱。自貿區可以分為兩種，一種是廣義的自貿區，指兩個或兩個以上國家或地區，透過簽署自貿協定，階段取消大部分貨物的關稅和非關稅壁壘。而上海自貿區是狹義的自貿區，即在這部分領土內運入的任何貨物，就進口關稅及其他各稅而言，被認為在關境以外，免於慣常的海關監管制度。

　　據不完全統計，目前全球已有一千兩百多個自由貿易區，其中十五個已開發國家設立了四百二十五個，占百分之三十五點四；六十七個開發中國家共設立七百七十五個，占百分之六十五點六。最典型的是美國對外貿易區的迅速增長，一九六〇到一九七〇年代初，美國在全球經濟的地位開始下降；與此同時，美元貶值，失業人數增加。在此情況下，為了刺激對外貿易發展，各州紛紛設立對外貿易區。到一九八〇年，全美的自由貿易區增加到七十七個。一九九四年年底，自由貿易區已達一百九十九個，貿易分區達兩百八十五個，總數為四百八十四個。

　　在經濟全球化的趨勢之下，國際貿易自由化正一步步深

入。為此，以美國為代表的一些國家和經濟體，開始進行小範圍的自貿區談判。美國先是推動跨太平洋夥伴全面進步協定（TPP）的談判，後又推動與歐盟關於跨大西洋貿易與投資夥伴協定（TTIP）的談判。二〇一一年十一月十日，日本正式加入 TPP 談判，而中國沒有被邀請參與 TPP 談判。二〇一三年九月十日，韓國宣布加入 TPP 談判。

第八章
經濟學名著速讀

一七七六，年亞當斯密的《國富論》奠定了經濟學的基礎；一九三六年，凱因斯的《就業、利息和貨幣通論》預示著經濟學的起飛；一九六九年，諾貝爾獎增設經濟學獎的舉動，更確立了經濟學的學科地位。

現代經濟學經歷兩百多年的發展，已經有總體經濟學、個體經濟學、政治經濟學等眾多專業方向，並應用於各垂直領域，指導人類財富積累與創造。兩百多年來，經濟學領域的名家名著，猶如暗夜裡的熠熠星光，引領我們一點一點地破解社會生活中許多未知的規律。

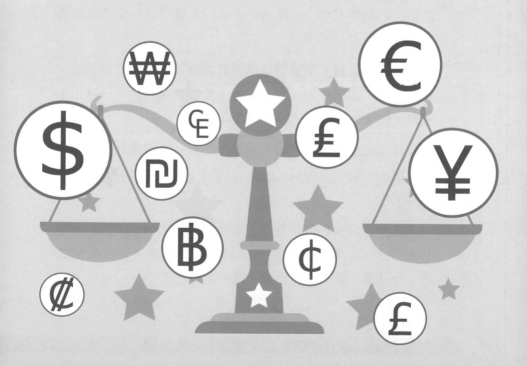

看不見的手：《國富論》

　　亞當斯密的《國富論》（全名《國民財富的性質和原因的研究》），初版於一七七六年三月面世，也就是〈美國獨立宣言〉發表的那一年。書中，亞當斯密總結了近代初期各國資本主義發展的經驗，吸收了當時的重要經濟理論，對整個國民經濟的運動過程做了系統的描述，被譽為「第一部系統性的偉大經濟學著作」。亞當斯密也因此獲得政治經濟學古典學派「創立者」的頭銜。

　　經濟學家張五常曾經盛讚《國富論》：「作者文字頂級，流暢古雅，幽默生動，才氣縱橫。難以想像有人可以寫出那樣博大精深的書，真的是才高八斗，學富五車。」

　　在《國富論》中，有一個至今仍被經濟學家無數次引用的原理——看不見的手。那麼，「看不見的手」究竟是一雙什麼樣的手？

　　二十三歲的約翰躺在床上看雜誌，他被雜誌上的禿鷹圖片迷住了。約翰很喜歡製作木雕，於是腦海裡有了一個主意：為什麼不雕刻木製禿鷹，並且賣掉它們？

　　約翰計算了一下，用進口木材雕一個禿鷲，木材成本才五十美元。他每週就能雕一個，他決定每個木雕禿鷲售價兩百美元，可觀的利潤可以讓他迅速富裕起來。

　　約翰開始行動。他雕了幾個禿鷲，租下了一間店鋪，邀請鄰居和當地藝術評論家去慶祝開業，結果眾人哄堂大笑，他卻哭了。他們認為禿鷲木雕醜得嚇人，他的哭聲更大了，沒有人購買他的作品，最後他的媽媽用四十九美元買了一個。

　　約翰認輸了，只好歇業。懊惱的約翰倒了一杯茶，咒罵著喬鷲木雕，並猛捶桌子；因為用力過猛，木頭做的桌子居然被捶壞了。這時，約翰的靈感又來了，他問自己：為什麼不做品質更好的桌子來賣？

　　現在約翰變得有點聰明了。他找到了一家木材加工廠，該木材加工廠願意按每張桌子大約一百美元的成本，為他供應木材。鋸開木頭、繪製設計圖和組裝每張桌子，要花費大約兩週的時間。依照以前做木匠的工作量計算，他的時間價值為每週一百五十美元。考慮到工具、租金和其他雜項費用，他計算每張桌子的總成本約為五百五十美元。約翰在櫥窗裡瀏覽過類似的餐桌，發現桌子可以賣到五百七十五美元。這樣一來，他不但能夠支付自己每週一百五十美元的勞務費，還會略有盈利。

　　這次，約翰成功了。

　　約翰的兩次生意，一敗一勝，都是「看不見的手」在發揮作用。第一次，約翰加工的是他想要的東西，而不是顧客

想要的東西，而約翰的要價過高，別人不願意支付，甚至連他媽媽也不願意按加工禿鷲木雕的真實成本付錢。難道約翰的勞動真的一文不值，甚至要倒貼？

是的。為了製作一個禿鷲木雕，約翰獲得了價值五十美元的木材，精雕細刻，然禿鷲木雕反而降低了原材料的價值，社會無法容忍透過減少價值來浪費資源。那些得到木材並且製作小提琴、拐杖的人，不僅可以使這些資源增值，而且增加了社會財富。他們理應贏得「看不見的手」的掌聲，而約翰應該挨上一拳。

第二次，約翰購買到了稀缺資源後，不是按照他自己的品味，而是根據社會的需求來做。他生產出的東西比原材料具有更大的價值，因此「看不見的手」最終向他豎起了大拇指。

可為什麼約翰，不將餐桌價格提高到五百七十五美元以上，以增加利潤？因為如果約翰提高價格，利潤就會急速下降，因為人們將只會路過他的店鋪，而去價格較低的競爭對手那裡購買。當然，所有的家具製造商可能會聚在一起協商，共同提高價格；但即使他們這樣做，其他自利的人看到家具的高額利潤，也會爭相開設家具店。透過低價銷售，從壟斷聯盟手中搶走業務，新加入的企業家就能夠獲得巨額利潤。

至此，我們已經領會到「看不見的手」是如何鼓勵和阻止生產，以及如何管制價格。因為有這只看不見的手，亞當斯密認為：如果政府解除對人民的經濟限制，允許人民去追

求私利，那麼，「看不見的手」會更有效率的勞動分工，加速經濟發展。

亞當斯密所建立的古典經濟學，與牛頓建立的古典力學同樣輝煌，是我們從蒙昧走向科學的起點。如果要評選人類歷史上最偉大的經濟學家，恐怕非亞當斯密莫屬。他的《國富論》揭示了市場經濟的運行規律，關於一隻「看不見的手」（價格）自發調節經濟的思想，至今仍然是經濟學皇冠上的寶石。

李嘉圖惡習：《稅賦原理》

《稅收原理》，全名為《政治經濟學及稅收原理》，作者為大衛·李嘉圖（一七七二一一八二三）。《稅收原理》是繼《國富論》之後，第二著名的古典政治經濟學著作。

李嘉圖出生於英國倫敦，家境非常殷實。李嘉圖沒有上過大學，十四歲就跟隨父親經商，商場的打拚極為順利，沒多久他就成了富翁。他的一個得意之事，是在滑鐵盧戰役前四天，成功買進大量政府債券，結果英軍打敗拿破崙，他大賺一筆。

二十七歲那年，李嘉圖偶爾讀到了亞當斯密的《國富論》，對政治經濟學產生了興趣。透過十年的讀書與思考，三十七歲時，他發表了第一篇經濟學論文，隨後就持續的精進，在他十四年短暫的學術生涯中，為後人留下了大量的著作、文章、筆記、書信、演說。其中，以一八一七年出版的《稅收原理》最為著名。

可能和李嘉圖沒有接受過正式的大學教育有關，他的作品言簡意賅，寥寥幾語看似平淡無奇，卻涵蓋了極為豐富的

內容。不少偉大的思想往往就在幾段之內概括了，如「比較利益」就用了不到一頁的文字，而對「比較利益」的進一步探討，又包含了他國際金融與資本循環的思想。

《稅收原理》共分三十二章，結構較為鬆散，各章之間似乎沒有嚴密的邏輯聯繫，使他這部書更類似一本論文集。馬克思曾經指出：「李嘉圖的理論完全包含在這部著作的前六章中。」更進一步說，是包含在它的前兩章。《原理》的第一章是〈論價值〉，第二章是〈論地租〉，而實際上在第一章裡已經闡述了價值、價格、薪水和利潤等理論，所以前兩章已經探討了資本主義社會的主要經濟範疇，其後各章不過是這兩章的應用或補充。

《稅收原理》在經濟理論上的主要貢獻，首先是堅持和發展了勞動價值論。李嘉圖堅持，商品價值由生產中所耗費的勞動時間決定，批判亞當斯密關於用購買到的勞動決定價值，或者用三種收入構成價值的觀點。他最先提出了必要勞動的概念，不過把必要勞動說成是最劣等生產條件下的勞動耗費量。他還敏銳地看到，影響價值的，不僅有直接投入生產的勞動，還有投在必需生產原料上的物化勞動。他還指出，從事複雜勞動的寶石匠一天的勞動，比普通勞動者一天勞動的價值更大，這實際上等於承認複雜勞動等於加倍的簡單勞動。這些觀點為勞動價值論的科學體系奠定了基礎，馬克思稱讚李嘉圖「把交換價值取決於勞動時間，作了最透徹的表述和發揮」。

《稅收原理》在經濟理論上的另一個重要貢獻，是在勞

動價值論的基礎上，分析了資本主義社會中，階級對立關係在分配領域的經濟表現。李嘉圖認為，政治經濟學的主要任務，是確立地租、利潤和薪水的分配規律。因為在他看來，這種分配規律對利潤量，從而對積累的規模具有決定性的影響。李嘉圖雖然也把薪水稱為「勞動價格」，但是已經闡明，薪水的高低取決於工人及其家屬生活必需品的價值。利潤是商品價值超過薪水的餘額，地租則是商品價值超過薪水加一般利潤的餘額，它是由於在同等面積或同一塊土地上，連續投入等量資本和勞動，所得產品數量不同造成的。他指出，勞動所創造的價值「一部分構成資本利潤，另一部分構成勞動薪水」；薪水和利潤相對立，「利潤的高低恰好和薪水的高低成反比」。以這個觀點為前提，李嘉圖分析了利潤和地租的對立，認為如果地租和薪水低，利潤就高，反之利潤就低。

在對外貿易問題上，《稅收原理》發展了亞當斯密的國際分工學說，提出了比較利益學說。亞當斯密認為，每個國家都應依據各自的自然條件，生產絕對優勢的產品，輸出這種商品所需成本絕對小於其他國家，因此最有利；李嘉圖則認為，每個國家不僅可以生產具有絕對優勢的商品，而且可以生產具有相對優勢的商品，即具有比較有利的條件、用相對比較少的成本就能生產的商品，主張每個國家都應輸出成本相對較低的商品。

但李嘉圖的研究方法也存在一些問題，他傾向於利用嚴格的假設來支撐理論，這種做法後來被熊彼得稱作「李嘉圖

惡習」，他的問題在於把抽象直接應用於現實。馬克思則繼承了李嘉圖經濟理論中的科學成分，創立了無產階級政治經濟學。

　　總的來說，李嘉圖的《稅收原理》構建了一個龐大的經濟學理論體系，在亞當斯密的基礎上正式建立起古典經濟學的大廈。儘管其勞動價值論在新古典主義興起後已經沒有多大價值，但其比較利益理論對於自由貿易卻有不朽的貢獻。

人人讀得懂的經典：《經濟學原理》

　　《經濟學原理》於一八九〇年出版，很多學者將其與亞當斯密的《國富論》，和大衛‧李嘉圖的《政治經濟學及稅收原理》相提並論。作者阿爾弗雷德‧馬歇爾（一八四二－一九二四）是劍橋大學教授，也是英國正統經濟學界名副其實的領袖，同時也是劍橋學派的創始人。

　　《經濟學原理》關注現實生活，深入淺出地為人們描述了理性人的選擇和市場行為，從而對社會中的經濟活動起到指導作用，因此它是經濟學者必須細讀的經典，是各國大學課程裡的經濟學教科書。該書概貌如下：

　　第一，以心理分析為基礎。馬歇爾認為，人的心理動機將會有力地影響人的選擇行為，從而支配人的經濟活動。因此，研究經濟學，同時需要研究人類的行為動機。他把人類行為的動機分為兩類：一是追求滿足，這可以激發人們經濟活動的動力；二是避免犧牲，這可以成為制約經濟活動的阻力。這兩類動機的平衡，是絕大多數經濟範疇和規律的基礎。

　　第二，強調「邊際增量」分析。馬歇爾認為：「在精神和物質世界中，我們對自然的觀察，與總數量的關係沒有與增加量的關係那樣大」。因此，在《經濟學原理》一書中，他廣泛運用了邊際增量的分析方法。例如，作為需求理論基礎的邊際效用，就是效用「增量」與消費「增量」的比值，而需求彈性則是需求量變動率，和價格變動率之間的比率。同樣，供給理論和供給彈性也是這樣，只不過他們是以邊際報酬遞減率，和「邊際」生產費用原理為基礎。

　　第三，強調「局部均衡」分析。馬歇爾用物理學中作用和反作用的均衡觀念，說明經濟力量的均衡。馬歇爾強調的均衡不是一般均衡，而是局部均衡。在局部均衡之下，馬歇爾研究的是單一生產者或消費者，而不考慮廠商、消費者之間的相互影響，這種方法已經成為當代微觀分析方法的基礎。

　　第四，強調漸變。《經濟學原理》以「社會達爾文主義」的庸俗進化論分析社會經濟現象，認為支配生物發展的規律也適用於人類社會，生物的發展只有漸變而沒有飛躍，人類發展也是一樣。在《經濟學原理》中，馬歇爾就以「自然界沒有飛躍」作為全書題詞，還在序言中寫道：「『自然界沒有飛躍』這一格言，對於經濟學，尤為適切。」

　　著名經濟學家張五常曾這樣盛讚《經濟學原理》：「沒有誰在細讀馬氏的巨著後，會不懂經濟學。」《經濟學原理》以均衡價格為核心，分為消費論、生產論、交換論和分配論四大部分。作為現代西方經濟學的奠基之作，《經濟學原理》有

非常完整的理論架構，該書雖然博大精深，讀起來卻通俗易懂。馬歇爾為了讓自己的理論能多加應用，為了讓工人也能看懂，寫作時盡量使用通俗的案例與易懂的語言。

馬歇爾也對經濟分析中引用數學和圖示的方法很感興趣，雖然本書中並沒有使用大量的數學和統計學，但正如許多經濟學家後來指出：馬歇爾的《經濟學原理》是以數學為基礎，只是他把數學這個偉大的工具巧妙地隱藏起來了。在一封寄給統計學家、經濟學家的信裡，馬歇爾寫道：

(1)　把數學當作速記語言，而非探討的工具。

(2)　用這個方法一直到把想法完全記下為止。

(3)　將之譯為英文。

(4)　舉例說明為何這些想法在真實生活裡重要。

(5)　把數學燒掉。

(6)　如果你做不到第四點，就把第三點燒掉，我經常這樣做。

馬歇爾花費了畢生心血，幾乎濃縮了整個經濟學大廈中的所有理論，並把它們綜合起來構成自己的體系。許多前人已經接觸到，但未深入分析的概念，經過他的整理加工，遂成為有明確內涵的理論範疇。從某種意義上講，現在的個體經濟學，都只是修補他建立的經濟學體系和理論。

挖坑再填坑：《貨幣通論》

　　約翰·梅納德·凱因斯（一八八三一一九四六）生於英國，凱因斯的父親是劍橋大學的政治哲學教授，曾為大學編制不少經濟方法學與邏輯學的研究教材，而凱因斯也於一九○二年順利考進了劍橋大學。

　　畢業後，凱因斯隨即被政府聘用到財政部，在兩次世界大戰之間為英國的財政出謀獻策。凱因斯原本是一個自由貿易論者，直至一九二○年末仍信奉傳統的自由貿易理論，認為保護主義對於國內的經濟繁榮與就業增長一無可取，甚至在一九二九年與瑞典經濟學家奧林論戰德國的賠款問題時，堅持國際收支差額，會因國內外物價水準的變動自動平衡；但接下來美國的經濟大恐慌讓他改變了立場。他於一九三六年發表的《就業、利息和貨幣通論》（簡稱《貨幣通論》）一書，創立了現代總體經濟學的理論體系。此時，他考慮的不只是經濟，還有政治行政與社會民生，不同意完全尊重自由市場的態度。凱因斯認為那「看不見的手」解決不了經濟危機，經濟這麼蕭條，股市這麼低迷，失業這麼嚴重，必須有「看得見的手」出面干預。

凱因斯所說的「看得見的手」，就是指國家的直接干預。凱因斯在《貨幣通論》的〈總論〉中，提出了政府干預的必要性和重要性。政府可以透過建設橋樑、大壩等公共項目，雇用失業人員。這批人就業後就能買得起食品等貨物，從而刺激了對這些貨物的需求，而生產這些貨物的廠商又會雇用更多的人，這些就業人員又刺激了另一輪的需求，增加了另一些人的就業。在他的書裡有一個著名的「挖坑理論」：

　　雇兩百人挖坑，再雇兩百人把坑填上，這叫創造就業機會。雇兩百人挖坑時，需要發兩百把鐵鍬，生產鐵鍬的企業開工了。鐵鍬廠的生產，帶動了鋼鐵廠的生產。當他發鐵鍬時還得給工人發薪水，同時鐵鍬廠、鋼鐵廠的工人也有薪水，這樣食品等日常消費也都有了。等他再雇兩百人把坑填上時，還得發兩百把鐵鍬，還得發薪水⋯⋯

　　凱因斯主義的確使西方國家從蕭條中走出來。而美國在經濟大恐慌期間，羅斯福的新政大量借鑑凱因斯主義：由政府主導投入貨幣，購買股票托盤，並大量投資基礎建設，設立大量義工，由國家出錢，有效挽救經濟危機導致的社會崩潰。

　　然而，凱因斯主義也遇到了很大的挑戰：一九七三年的石油危機，使西方已開發國家出現失業與通膨並存的「滯脹」現象，被反凱因斯主義學派視作政府長期執行凱因斯政策的惡果。原計畫經濟國家紛紛轉而投向「看不見的手」，市場經濟理論進入發展高峰，凱因斯主義逐漸退入一個相對低迷的時期。

　　凱因斯主義只關心短期問題，而不關心長期問題。「短期」有時候太短，還來不及逃，問題就發生了。為了應對全球金融危機，發表各式各樣的刺激政策，增發貨幣，增加貸款，降低利率，擴大投資，發放政府補貼等，遏止通貨緊縮；但才一年，就開始討論如何遏止通貨膨脹。也就是說，凱因斯主義是一味虎狼之藥，而且治標不治本。

　　是藥三分毒。凱因斯主義只是非常時期的一味藥，至於利大於弊還是弊大於利，恐怕是見仁見智的問題。

經濟學教堂：《經濟學》

　　有一年，美國有個作者就經濟學教材涉嫌剽竊和侵權行為，向另一個作者提起訴訟。法官看完原告提交的證據後，非常憤怒，堅決拒絕受理。其理由是：「無論從哪個角度看，雙方的版本都是從薩繆森那裡抄襲來的。」

　　保羅‧薩繆森（一九一五一二〇〇九）是凱因斯主義的繼承人與發揚人，他的《經濟學》，影響了幾代人。一九四八年初版至今，一共出版了十九版，以四十多種語言在全球暢銷數百萬冊。一九七〇年，他成為第一個獲得諾貝爾經濟學獎的美國人。他獲得諾貝爾獎的評語為：「在提升經濟學家理論的科學分析水準上，他的貢獻要超過當代其他任何一位經濟學家，他以簡單的語言重寫了經濟學理論的相當部分，他就是保羅‧薩繆森。」

　　在《經濟學》中，薩繆森對經濟學中的三大部分——政治經濟學、理論經濟學、技術經濟學都有專門的論述，從總體經濟學到個體經濟學，從生產到消費，從經濟思想史到經濟制度，都有新的創見。值得一提的是，該書在內容、形式的安排上，也一掃傳統經濟學著作的古板，不但每一章開頭

加上歷代名人的警句，言簡意賅地概括全章主題，還經常穿插一些幽默的故事與語言。

在中世紀末期，英國有一位偉大的詩人喬叟。一天，他看見三個人正在忙碌，遂上前發問：「諸位在忙些什麼？」第一個人隨口答道：「我在賺錢，這工作的薪水特別高。」第二個人慢條斯理地說：「我在把這些寶石和彩繪玻璃雕拼成神聖的圖案。」第三個人振振有詞：「我在建一座偉大的教堂。」而我始終同時扮演著這三個人的角色。

這段話，是薩繆森在一九九八年重印《經濟學》第一版的五十周年紀念版時，特別在自序開頭講的故事。在完成第一版的寫作時，薩繆森正值經濟拮据，他一方面為改善經濟情況而寫作，一方面又為自己的寫作而自豪，同時他還懷有建築偉大「經濟學」教堂的夢想，他用這個故事來說明自己的創作緣由，可謂精彩絕倫。

薩繆森的導師原來反對凱因斯的國家干預，提倡「自由放任」；後來卻轉為凱因斯主義在美國的傳播人，把凱因斯主義移植到了美國。薩繆森縱觀凱因斯主義的形成和發展，感到確有可研究之處，於是師生協作，不斷宣傳凱因斯主義，並對它做了進一步的補充，且而薩繆森對凱因斯主義的貢獻，遠比他的導師大得多。

第一，薩繆森的《經濟學》之所以暢銷不衰，在於該書突破傳統框架，對內容與結構有開創性的革新。薩繆森在其經濟學教科書中，首先以凱因斯的就業理論與財政政策為重點，配合傳統的價值與分配理論，最終取得成功。這種編寫

結構，即總體經濟學與個體經濟學相結合的結構，曾被稱為「新古典綜合」，現在被稱之為主流經濟學，已成為各家編寫經濟學教科書的標準模式。

第二，該書深入淺出的適度闡述。薩繆森在該書第一版序言開頭的一句話指出，該書主要是為那些把經濟學作為綜合教育一部分的讀者寫的。薩繆森雖是一位著名的數理經濟學家，但為了使未接觸過經濟學的讀者更容易吸收，該書不使用數學模型，而採取了圖表等更為直觀的表達。因此，這本書十分適合大學相關科系的學生及其他初學者使用。

第三，不斷更新，是《經濟學》永保青春的祕訣。在全部的十九個版本中，薩繆森都會進行增刪修正。在最後一版裡，九十多歲的他大動干戈地將第十八版的內容刪去超過百分之十，並與時俱進地更新了百分之三十以上的數據和內容，還親自寫就了那篇空前絕後的〈一個中庸老者的肺腑之言〉。這篇自序對戰後經濟科學的發展進行了深入的反思，對功過得失有了徹底的梳理。

二〇〇九年，九十四歲的薩繆森離開了這個世界，為我們留下了一座偉大的經濟學「教堂」。

新自由主義代表作：《資本主義與自由》

　　《資本主義與自由》的作者是美國經濟學家米爾頓‧傅利曼（一九一二—二〇〇六），一九六二年出版，被封為新自由主義代表作。傅利曼用簡明的文筆，闡述經濟自由為何是政治自由不可或缺的條件。一九七六年，傅利曼獲諾貝爾經濟學獎。

　　《資本主義與自由》的主要觀點為：反對國家過多干預社會生活，提倡相對不受國家限制的自由市場；反對福利國家，主張把政府的計劃縮小到最小；提出「自由放任」，不僅要建立一個經濟自由王國，而且要確立政治自由；認為資本主義是保衛自由政治價值的必要手段。認為保證自由必須堅持兩條原則：第一，政府的範圍必須是有限的；第二，政府的權力必須分散。而達到這些目標的最好方法是：建立一個自由經濟市場；允許廣泛自由市場的存在，可以把經濟從政治權力中分離出來，限制政治強制手段的範圍；政府的作用在於制訂「競賽規則」，解釋並實施規則；市場所做的，是大大減少必須透過政治手段來解決的問題，降低政府直接參與競賽的程度。為了說明國家壟斷對市場的傷害，傅利曼舉了

美國的一些事例：

「美國的鐵路是最好的例子。由於十九世紀的技術限制，鐵路被很大程度上的壟斷也許是不可避免的，而這也是設立州際商業委員會的原因；但是，條件起了變化。公路和空運的出現，把鐵路的壟斷成分減少到微不足道的比例。然而，我們並沒有撤掉州際商業委員會；相反地，作為一個保護公眾免受鐵路剝削的委員會，已經成為一個保護鐵路免受卡車和其他交通工具競爭影響的機構。

例如，沒有辦法論證國家壟斷郵局的必要性。有人可能會爭辯，認為遞送郵件是一個技術壟斷，而國家壟斷的危害最少。按照這種方法，我們或許能論證政府郵局的必要性，但不能論證禁止任何其他人傳遞郵件法律存在的必要性。假使遞送郵件是技術壟斷，誰也不能與政府進行競爭；假使它不是技術壟斷，政府就沒有理由經營郵局。查明這事唯一的方法，就是讓其他人自由參與這項活動。

郵局壟斷的歷史原因，是「駿馬快遞」這家廠商在橫貫美洲大陸的郵件傳遞上具有良好的成果，以致政府在開始從事郵遞業務時，不能有效地與其競爭，從而虧本，於是政府就制訂了法律，使任何其他人遞送郵件成為非法。這就是為什麼亞當斯捷運公司在今天，是一家投資公司而不是一個運輸業公司的原因。我推測：假使遞送郵件的業務對所有人開放，就會有大量廠商參加這項工作，而這個陳舊落後的行業很快就能徹底改革。」

《資本主義與自由》一書的影響非常巨大，但在政治經濟

學的不同領域,也有不同的影響。一些傅利曼提倡的理想,在許多地方被試驗,並且成功落實,例如在斯洛伐克實行的單一稅制度,幾乎徹底取代了布列敦森林體系的浮動匯率制度(亦即當今國際間採用的制度);在颶風「卡崔娜」後,美國政府以學券制補助難民學生,這些只是其中的一些例子。不過,一些提議很少被考慮實踐,如終結執照制度、廢止公司所得稅(主張改為對股東收取所得稅)。

小集團更有效率：《集體行動的邏輯》

　　《集體行動的邏輯》是曼瑟爾·奧爾森（一九三二一
一九九八）的代表作之一，另外一本是《國家的興衰》。該書
一九九三年獲得美國管理學會頒發的「最持久貢獻著作獎」，
一九九五年獲得美國政治學會頒發的「讓·愛潑斯坦獎」。

　　自一九五〇年代末以來，現代經濟學中新的分支——公
共選擇理論開始興盛，它研究的是傳統經濟學不關注的非市
場決策問題。傳統經濟學之所以不關注，是因為其認為，諸
如此類的決策和行動是由非市場因素決定，已超出經濟學
有關行為的傳統假定。可現代經濟學的拓展和進步恰恰證明
了：非市場決策問題，並不意味著不能用經濟學的方法來研
究；相反，公共選擇理論從它誕生的那天起，就牢牢扣住了
「理性經濟人」這個最基本的行為假定。其認為除了參與私人
經濟部門活動的人之外，公共活動的參與者也受制於此，都
有使自己行為最大化的傾向，無行為主體的所謂公共利益是
不存在的。現在，公共選擇理論不僅在經濟學界獨立門戶、
自成一派，也滲透到社會、經濟、政治生活各個方面的研究
中，而且國外許多學者也用它來分析計畫經濟的形成、演變

及其向市場經濟的轉型。奧爾森在一九六五年出版的《集體行動的邏輯》，是公共選擇理論的奠基之作。

在《集體行動的邏輯》中，首先對集團和組織的某些行為，作了邏輯的理論解釋。之後考察不同規模的集團，並得出在許多情況下小集團更有效率、更富有生命力這一結論；接下來，奧爾森考察了贊成工會的論點，並得出以下結論：某一形式的強制性會員制度，在大多數情況下對工會來說生死攸關。在第四章裡，奧爾森對馬克思的社會階級理論進行考察，並分析其他經濟學家提出的國家理論。第五章分析許多政治學家使用的「集團理論」，並證明對這一理論的普遍理解有邏輯上的矛盾。最後一章，提出一個與第一章概述的邏輯關係一致的新壓力集團理論。這一理論說明，大壓力集團組織的會員制度和力量，並不是遊說、疏通活動的結果，而是其他活動的副產品。

奧爾森最獨特之處，在於他對集體行動問題的執著。他一生專門研究這樣的問題：為什麼個人的理性行為，往往無法產生集體或社會的理性結果？奧爾森看到的是，亞當斯密推崇的「看不見的手」失靈了——這是《集體行動的邏輯》這部著作中的主要觀點。《集體行動的邏輯》出版之前，社會科學家往往假設：

一個具有共同利益的群體，一定會為實現這個共同利益採取集體行動。譬如，住在同一棟樓裡的鄰居，會提供公共走廊的照明燈；同一社區的人會保持公共環境衛生；持有同一公司股票的人會齊心協力扶持該股票的價格；消費者會組

織起來，與售賣偽劣產品的商家鬥爭；人民會支援本國貨幣；全世界無產階級會聯合起來反對資本家的剝削。凡此種種，不勝枚舉。

奧爾森發現：這個貌似合理的假設，並不能很好地解釋和預測集體行動的結果，許多合乎集體利益的集體行動並沒有發生；相反地，個人自發的自利行為往往對集體不利、甚至產生極其有害的結果。

「看不見的手」為什麼會失靈？主觀為自己、為大家的理想為什麼常常無法實現？原來，集體行動的成果具有公共性，集體的成員都能從中受益，包括那些沒有分擔集體行動成本的成員。例如，由於罷工的勝利，工人加薪，這對所有工人都有好處。但那些參加罷工的工人卻承擔了風險和成本。這種不合理的成本收益結構導致搭便車行為，「濫竽充數」的南郭先生就是搭便車的祖師爺：南郭先生不會吹竽，卻混進了宮廷樂隊。雖然他實際上沒有參與合奏這個「集體行動」，但他表演時毫不費力的裝模作樣，仍然使他得以分享皇帝賞賜這個「集體行動」的成果。

奧爾森於一九九八年二月十九日在辦公室門外心臟病突發去世。諾貝爾經濟獎得主羅伯特·梭羅（Robert Solow）聽到這個不幸消息時說：「我們大多數人都相當相似，認識其中一個就等於認識了全部；但奧爾森不同，他別具一格，這使我們會更加懷念他。」

電子書購買

爽讀 APP

國家圖書館出版品預行編目資料

經濟思維的 100 堂課：世界第一好懂的經濟理
論！一百個故事輕鬆理解，從生活到商場的賽局
分析 / 肖勝平 編著 . -- 第一版 . -- 臺北市：沐燁
文化事業有限公司 , 2024.05
面；　公分
POD 版
ISBN 978-626-7372-48-7(平裝)
1.CST: 經濟學 2.CST: 通俗作品
550　　　　113005350

經濟思維的 100 堂課：世界第一好懂的經濟理論！一百個故事輕鬆理解，從生活到商場的賽局分析

臉書

編　　著：肖勝平
發 行 人：黃振庭
出 版 者：沐燁文化事業有限公司
發 行 者：沐燁文化事業有限公司
E - m a i l：sonbookservice@gmail.com
粉 絲 頁：https://www.facebook.com/sonbookss/
網　　址：https://sonbook.net/
地　　址：台北市中正區重慶南路一段六十一號八樓 815 室
Rm. 815, 8F., No.61, Sec. 1, Chongqing S. Rd., Zhongzheng Dist., Taipei City 100,
Taiwan
電　　話：(02) 2370-3310　　　傳　　真：(02) 2388-1990
印　　刷：京峯數位服務有限公司
律師顧問：廣華律師事務所 張珮琦律師

─版權聲明─

定　　價：320 元
發行日期：2024 年 05 月第一版
◎本書以 POD 印製

獨家贈品

親愛的讀者歡迎您選購到您喜愛的書，為了感謝您，我們提供了一份禮品，爽讀 app 的電子書無償使用三個月，近萬本書免費提供您享受閱讀的樂趣。

ios 系統	安卓系統	讀者贈品

請先依照自己的手機型號掃描安裝 APP 註冊，再掃描「讀者贈品」，複製優惠碼至 APP 內兌換

優惠碼（兌換期限 2025/12/30）
READERKUTRA86NWK

爽讀 APP

- 📖 多元書種、萬卷書籍，電子書飽讀服務引領閱讀新浪潮！
- 🎧 AI 語音助您閱讀，萬本好書任您挑選
- 🔍 領取限時優惠碼，三個月沉浸在書海中
- 🔔 固定月費無限暢讀，輕鬆打造專屬閱讀時光

不用留下個人資料，只需行動電話認證，不會有任何騷擾或詐騙電話。